DES DROITS

ET

DES DEVOIRS

DU CITOYEN.

TOME SECOND.

DES DROITS

ET

DES DEVOIRS

DU CITOYEN.

Par MABLY.

Edition augmentée d'un Discours préliminaire, par l'Auteur de la Philosophie de la Nature, et ornée du portrait de MABLY.

TOME SECOND.

A PARIS.

Chez LOUIS, Libraire, rue Saint-Severin, N°. 29.

1793.

DES DROITS

ET

DES DEVOIRS

DU CITOYEN.

LETTRE CINQUIÈME.

Quatrième Entretien. Idées géné- rales des devoirs du bon citoyen dans les États libres : quelle doit être sa conduite dans les monar- chies pour éviter une plus grande servitude et recouvrer sa liberté.

J'ATTENDOIS avec la plus vive impatience, monsieur, la conver- sation que je vous ai annoncée par ma dernière lettre. Malgré la con- fiance que les lumières de milord m'ont inspirées, je me défiois de ses promesses, et je vous prie de

2.   A,

me le pardonner , je craignois qu'il ne me menât encore dans quelque île déserte pour n'y faire qu'une réforme imaginaire. J'avois beau me rappeler tout ce qu'il m'avoit dit de la prudence et du courage avec lesquels un citoyen doit remplir ses devoirs de citoyen , tout cela ne portoit point à mon esprit des idées ni assez claires, ni assez fixes. A peine commençois-je à me tracer un plan de conduite , que je me trouvois ou trop prudent ou trop courageux. J'étois comme le pilote d'un vaisseau , porté par la tempête dans des mers inconnues, et qui n'ayant ni carte ni boussole, n'ose diriger sa course d'aucun côté, dans la crainte de s'égarer encore davantage.

Je n'étois occupé que de mon embarras, lorsque l'heure de cette promenade , tant désirée , arriva enfin. Milord, lui dis-je sans préambule, vous l'avez remarqué dans

nos entretiens précédens ; il ne
faut point tenter de sauter à pieds
joints de Marly à Paris ; la prudence doit toujours être associée
au courage : vous prescrirez une
conduite différente au Turc, à l'Es-
pagnol, au François, à l'Anglois
et au Suédois ; chacun doit avoir
sa façon d'être sage, prudent et
courageux. Je trouve toute simple
celle des peuples qui se sont ré-
servé la puissance législative, ou
qui n'ont accordé au prince et à
d'autres magistrats que la puissance exécutrice ; mais il n'en est
pas de même des nations qui ont
un monarque législateur armé de
toutes les forces de l'état, présent
et agissant par-tout par des officiers qui sont les ministres de sa
volonté, et qui croient augmenter
leur pouvoir, en ne donnant aucune borne à celui de leur maître.

Je conçois très-bien que si j'é-
tois né à Stokholm, je me serois

bientôt fait une assez bonne méthode de philosophie, et qu'il ne
me seroit pas difficile de la suivre.
La dignité de citoyen est établie en
Suède sur les lois les plus claires :
la liberté n'a d'orages à essuyer
que de la part de quelques frip-
pons, qui craignent l'impartialité
des lois ; ou qui se flattent, comme
nos gens de qualité, d'être des despotes en sous-ordre, s'ils peuvent
conférer au prince une autorité
sans bornes. Quelques entreprises
tramées sourdement en faveur de
la tyrannie, ne servent qu'à donner
plus de zèle aux bons citoyens pour
le bien public, et les rendre plus
attentifs. Les cabales et les intrigues n'auront qu'un temps : le
nombre des créatures d'un prince,
dont on a sagement limité le pouvoir, doit diminuer de jour en jour :
le parti de la liberté doit donc sans
cesse acquérir de nouvelles forces ;
et l'esprit général de la nation la

dispose et l'invite à consolider les principes de son gouvernement. De quoi s'agit-il alors ? de mettre en pratique les vérités dont vous m'instruisîtes hier ; et de prendre des mesures pour que les Suédois aient autant de respect pour les lois, qu'ils ont d'amour pour leur liberté. Je chercherois à rendre ces lois plus chères, en empêchant que leurs ministres ne pussent les négliger ni en abuser. Il faudroit tirer un meilleur parti du sénat, non pas en diminuant l'autorité des sénateurs, qui n'est pas trop grande, mais en bornant le temps de leur magistrature, dont la perpétuité sépare trop leurs intérêts de ceux de la nation. Des magistrats perpétuels n'inspireront jamais une certaine confiance. Je publierois sur les toits qu'il faut craindre l'orgueil, la négligence, l'ambition et l'avarice de seize sénateurs à vie, qui peut-être en irritant un jour la

2. A 3

nation contre eux, la subjugueront, ou la porteront à faire par désespoir, la sottise du Danemark, qui se créa un roi absolu pour se délivrer de la tyrannie de son sénat.

En Angleterre, ajoutai-je, vous avez un parlement qui est le promoteur et le protecteur des lois. Si le prince ne peut rien sans le concours de ce corps auguste; si les ministres répondent sur leurs têtes de ses injustices; il est vrai cependant que vous avez accordé tant de prérogatives à la couronne, que le roi peut aisément corrompre les principaux membres du parlement, et retarder l'activité ou rendre inutile le zèle des autres. Cette situation est fâcheuse; elle devoit vous faire perdre votre liberté; mais votre nation, qui en est extrêmement jalouse, et qui par système se défie de la cour, et veut que ses représentans pensent comme elle, est toujours prête à venir au secours de la chose publique, si elle étoit trahie par ceux qui doivent la défendre. Je me rappelle d'avoir ouï dire que Walpole réussît, je ne sais en quelle année, à faire recevoir l'établissement des *Accises*, qui, donnant un revenu fixe et assuré au roi, l'auroit mis en état de se passer des secours annuels de la nation, et par conséquent de l'asservir. Il avoit corrompu par sa libéralité ceux que son éloquence n'avoit pas entraînés. Une émeute répara la sottise ou la perfidie de ce pauvre parlement : le peuple furieux s'attroupa dans les rues de Londres ; Walpole eut peur d'être assommé, le roi d'être renvoyé dans son électorat de Hanovre, et peut-être de quelque chose de pire ; car qui sait ce qui se passe dans la tête d'un poltron ? et le bill des Accises fut déchiré.

Avec l'appui d'une pareille nation, je devine, si je ne me trompe, tout ce que peut faire un bon citoyen ; plutôt que de laisser tomber ou affoiblir le parti de l'opposition, je contrarierois la cour ; même quand elle auroit raison ; car il faut qu'un peuple, dont la liberté n'est pas imperturbablement affermie, soit toujours sur le qui vive ; il doit craindre le repos comme l'avant-coureur de son indifférence pour le bien public, et se faire une habitude de contredire et de disputer pour n'être pas la dupe des vertus vraies ou affectées, par lesquelles un prince pourroit le tromper et lui inspirer un engouement dont son successeur profiteroit pour augmenter son autorité. On dit, milord, que vous ne manquerez jamais de cette opposition : au défaut des bons citoyens, ce parti se grossit de tous les ennemis du ministère et des ambitieux qui y aspirent. Quoiqu'il en soit, si j'avois

l'honneur d'être Anglois, une bas-
tille ne me fermeroit pas la bouche; et quand je parlerois en homme qui connoît ses droits, d'insi-
pides railleurs ne me traiteroient
pas de romain, c'est-à-dire, d'insensé.

Je sèmerois de bonnes maximes
dans le public : peut-être me trom-
pé-je, mais il me semble, milord,
que, vous autres Anglois, vous
êtes plus attachés à vos lois qu'à
votre liberté même. Je respecte ce
sentiment, et je me garderois bien
de vouloir l'entamer ; mais je tâcherois, milord, de faire connoître
et haïr les défauts de votre gouvernement dont vous m'avez parlé ;
je tâcherois de faire desirer à mes
compatriotes quelque chose par-de-
là la liberté périlleuse, et les priviléges, qu'ils croient tenir de leur
Grande Charte. Je les ferois remonter à cette Charte éternelle,
que chaque nation tient de Dieu

même, et dont il nous instruit par la voix de notre raison. En perfectionnant son gouvernement, je ne puis pas croire qu'on s'expose au danger de moins aimer , ou de moins respecter ses lois. Les têtes philosophiques des Anglois comprendroient à la fin qu'il est ridicule de laisser au roi d'immenses prérogatives , pour avoir le plaisir d'en avoir peur , et d'y résister peut-être un jour sans beaucoup de succès.

Les Suisses sont libres, et le seront tant qu'ils conserveront une barrière impénétrable entr'eux et le luxe. Je vois plusieurs défauts dans le gouvernement de leurs cantons : quelquefois on n'a pas pris assez de précautions contre les saillies trop impétueuses de la démocratie : quelquefois la forme du gouvernement est trop aristocratique. N'importe, milord, si j'étois né en Suisse, je laisserois

aller les choses comme elles vont;
il me semble que je devrois être
content du bonheur que je goûte-
rois ; je m'en fierois à une certaine
habitude qui conduit mes compatriotes , et dont il est d'autant plus
difficile de les déranger, que leurs
magistrats ne peuvent commettre
que de petites injustices , et que les
affaires de leurs voisins les touchent peu. Je me bornerois à faire
le métier de censeur , et je serois
inexorable contre le luxe, l'avarice
et la prodigalité.

Pour la république des Provinces-Unies , elle jouit encore de sa
liberté, puisqu'elle est encore en
possession de faire ses lois ; mais
son gouvernement se déforme depuis qu'elle a changé en magistrature ordinaire, une dictature qui
devoit être réservée pour des temps
courts et difficiles. Le Stadhouder
n'est encore qu'un lionceau qu'on
tient à la chaîne ; mais il peut la

rompre et devenir un lion. Parlons sans figure : tout invite ce prince à ruiner sa patrie. D'une part c'est une noblesse qui trouve dans la cour du Stadhouder des distinctions dont elle est jalouse, et qui méprise des bourgeois qui sont plus puissans qu'elle; de l'autre, ce sont des provinces et des villes assez mal-adroitement confédérées, et qui ont des intérêts différens. Joignez à cela peu d'amour pour la liberté et une avidité insatiable dans la banque et dans le commerce. Avec tout cela, vous pouvez conduire loin les Hollandois, et je ne me chargerois pas de les réformer. Mais permettez, milord, que je passe à un objet plus intéressant pour moi. Vos Anglois et les Suédois sont sur le chemin qui conduit au but, et n'ont à parcourir qu'un espace très-court pour y arriver; mais nous ! les Espagnols, les Italiens, les Alle-

mands, etc. voyez, je vous prie,
où nous en sommes réduits. Eh
bien ! me répondit froidement milord, le voyage sera plus long et
plus difficile : il ne s'agit que de
prendre plus de précautions et de
faire de plus grands préparatifs.

Rien ne me paroît plus sage,
monsieur, que tout ce que m'a dit
milord Stanhope sur notre situation. Il faut commencer par attaquer ces préjugés, nés pendant la
barbarie des fiefs, et qui, soute-
nus à l'ombre du pouvoir arbitraire, continuent à braver im-
pudemment le sens commun, et à
nous dégrader. Nos pères, comme
vous le savez, ont apporté de Ger-
manie le gouvernement le plus libre que puissent avoir des hommes ; mais à peine furent-ils éta-
blis dans les Gaules, que, corrompus par leur fortune et les mœurs
romaines, ils perdirent leur ancien génie. Trop ignorans pour

2.   B

rien craindre ou pour rien prévoir,
ils se laissèrent pousser par les événemens de révolutions en révolutions : ils oublièrent leurs anciennes lois qui ne leur suffisoient plus ;
et devinrent , en ne connoissant
point d'autre police que celle des
fiefs , les tyrans les plus impitoya-
bles , ou les esclaves les plus vils.

A force de se gouverner par des
coutumes incertaines , toujours su-
bordonnées au succès de la guerre ,
et qui ne rapprochoient les hommes que pour les rendre plus malheureux , on sentit malgré soi la
nécessité d'avoir quelque règle ; et
au milieu de l'ignorance profonde
où l'on étoit plongé , les erreurs
les plus ridicules devinrent les
seuls principes de notre droit public. On se persuada que la société n'avoit point d'autre origine
que celle des fiefs , et nous voyons
déjà où cette première sottise peut
conduire. On crut ensuite que tous

(15)

les fiefs avoient été à leur naissance autant de dons de la part du
suzerain dont ils relevoient, autre
bêtise : on en conclut une troisième, c'est-à-dire, que tout le
royaume avoit originairement appartenu au roi, puisque n'ayant
point lui-même de suzerain, tous
les seigneurs étoient ses vassaux
immédiats ou ses arrière-vassaux.
A de si belles connoissances historiques, on joignit des principes de
brigands au lieu de principes de
droit. On ne savoit pas alors que,
reprendre ses dons, c'est voler;
ainsi, quelles que fussent les
usurpations des rois, on pensa
qu'ils ne faisoient que rentrer en
possession de ce qui leur avoit autrefois appartenu, et il n'y eut pas
moyen de les blâmer; car la nation n'existant pas, personne ne
songeoit à ses droits. Avec une
doctrine si favorable au pouvoir
arbitraire, le prince eût été despot-

tique, si la brutalité des mœurs publiques, la fierté des seigneurs, et
les préjugés qui accompagnent toujours l'ignorance, n'eussent em-
pêché d'être conséquent.

Malgré la philosophie dont notre siècle se pique, mais que nous
n'appliquons qu'à des objets frivoles, nous continuons, sans nous en
douter, à raisonner sur les admirables principes de nos pères, On
rapporte tout au roi comme à la
fin unique et universelle de la société : on le considère comme le
maître, et non comme le chef
de la nation ; c'est lui qu'on sert,
et non pas la patrie. C'est d'a-
bord le bien de la couronne, le
bien du fisc qu'on veut faire ; et
si cela se peut on songe à celui
des sujets. La raison particulière
du roi est la raison universelle
et générale de son royaume, puisque ses ordres justifient tout, et
qu'il faut les préférer aux lois les

plus sacrées. Quelques anciennes chartes, monumens de la tyrannie que la noblesse a autrefois exercée, et de l'asservissement où le peuple languissoit ; la morale des ecclésiastiques presque réduite à quelques pratiques de mortification superstitieuses, monacales et propres à rendre les hommes esclaves, tristes, sauvages, durs et patiens ; les écrits informes et absurdes de quelques jurisconsultes fiscaux, qui ne connoissent point d'autre gouvernement que le despotisme ; des ordonnances où le prince décide toutes les questions en sa faveur, et déclare que Dieu seul l'a élevé au-dessus de nos têtes pour nous gouverner ! voilà les sources impures où depuis plus de trois siècles nous puisons notre droit naturel et notre droit public.

Seroit-il possible que nous y eussions trouvé quelque vérité ? Non : on se familiarise avec les

plus grandes absurdités. Accoutu-
més ainsi à regarder le despotisme
comme le gouvernement le plus
sage ; la liberté, comme un embarras ; et à tout pardonner à un
prince qui n'est que médiocrement
sot, ou médiocrement méchant ;
nous avons eu cent occasions de
nous rendre libres, et il ne nous
est pas seulement venu dans la
pensée d'en profiter : quand on
a trop méprisé ou trop haï le prince,
pour ne se pas soulever contre lui,
on a encore respecté cette puissance qui l'avoit invité à trahir
ses devoirs. Aucune bouche n'a
prononcé le mot de liberté pendant la Ligue et pendant la Fronde.
On s'est remué, on s'est agité,
sans savoir ce qu'on vouloit, et
par conséquent sans succès ; et il
en a coûté bien des travaux, bien
des peines, pour rester tel qu'on
étoit auparavant.

Que vos gens-de-lettres, me dit

soit milord ; ne prostituent plus
leurs talens en flattant les vices
du gouvernement : faits pour éclai-
rer, ils vous trompent et vous
font mépriser chez les étrangers.
Votre académie ne se lassera-
t-elle point de répéter les éloges
fastidieux du cardinal de Riche-
lieu et de Louis-le-Grand ? Louer
deux despotes fameux par l'injustice
et la dureté de leur administration,
n'est-ce pas préparer le public à
admirer leurs imitateurs ? Vos his-
toriens sur-tout font pitié ; ce sont,
malgré l'élégance fleurie de leur
style et quelques réflexions indé-
votes, les personnages du monde
les plus plats, et les moins instruits du droit de la nature et des
nations. Que leurs écrits respi-
rent une généreuse liberté ; que
l'espérance d'obtenir une petite
pension ou quelque politesse dé-
daigneuse de la part d'un ministre,
n'avilissent pas leur ame.

L'histoire n'est bonne qu'à occuper la curiosité d'un enfant, si
elle n'est pas une école de morale
et de politique. Qu'elle étale les
droits des peuples; que jamais elle
ne s'écarte de cette première vérité
d'où découlent toutes les autres :
que l'homme n'est pas fait pour
obéir aux volontés d'un autre
homme, mais aux seules lois,
dont le magistrat, quel que soit
son nom, quelle que soit sa préé-
minence, ne peut être que l'or-
gane et le ministre.

L'esprit des lois a bien des défauts : les idées fondamentales de
son système sont fausses ; tout y
est décousu, rien n'y est lié : l'auteur en un mot, trop vif pour ap-
profondir les matières qu'il entre-
voit, croit avoir tout vu, quand il
a ramassé quatre ou cinq pensées
ingénieuses sur un objet ; son ouvrage mérite cependant une grande
considération : il fait haïr le pou-

voir arbitraire par la multitude
même qui lit, qui croit l'entendre,
et qui s'accoutume, par cette lec-
ture, avec des idées de liberté.
Vous cheminez sans vous en appercevoir. J'ai ouï dire que l'u-
sage, qui s'est introduit pendant le
cours de vos derniers démélés,
d'imprimer les arrêts et les remontrances de vos parlemens, a
été pour vous une occasion de penser, de réfléchir et de vous instruire. Vous apprenez l'anglois,
vous traduisez nos ouvrages ; vous
les goûtez : quelques-uns même
de vos écrivains s'occupent de politique, et c'est une preuve que ce
genre d'étude n'est plus indifférent
à votre nation.

Il est vrai, reprenoit milord,
que vos écrivains politiques, qui
ne font guères que commenter
l'esprit des lois, qu'ils regardent
comme le code de la nature, sont
encore bien loin des bons princi-

pes ; mais ils y parviendront à force de les chercher : ils font main-basse sur tout ce qui les choque ; mais en louant leur zèle, je voudrois qu'ils soupçonnassent que vous pouvez avoir dans votre constitution actuelle plusieurs défauts qui font votre sûreté, et qu'un bon citoyen, s'il a des lumières, doit respecter et chérir. Par exemple, c'est sans doute un mal en soi qu'il y ait des dignités héréditaires. L'émulation est étouffée, et rien n'est plus contraire aux premières idées d'une politique raisonnable. On ne sauroit approuver que votre noblesse ait dans ses terres des justices patrimoniales ; que le clergé possède des droits inconnus aux autres citoyens ; et que quelques provinces jouissent de certaines franchises qui troublent l'harmonie du tout, ect. S'il s'agissoit de donner des lois à une société, tout cela certainement ne pourroit pas servir de modèle ; mais Platon, qui se seroit bien gardé de barbouiller sa république de tous ces vices, se garderoit bien aujourd'hui, en commençant une réforme, d'en vouloir purger votre gouvernement ; il sentiroit que vous avez besoin de certains défauts pour tenir votre nation au-dessus du despotisme rigoureux qui la menace. Un abus est néces-saire, quand il sert de remède à un vice plus grand. La tête encore pleine de vos beaux principes sur le pouvoir législatif et l'autorité royale, à laquelle vous ne fixez au-cune borne, réformez les abus dont je viens de parler, ou d'autres encore de même nature ; ramenez tout à cette sage égalité où doit tendre un peuple libre, avant que de vouloir établir la liberté du gouvernement ; et tout deviendra vil, abject et rampant en France comme tout est vil, abject et rampant en Turquie. Tout sera peuple ; tout sera par conséquent esclave ; et vos ministres, qui se croiront des visirs, commettront sans crainte leurs injustices.

Les Anglois, monsieur, ont aussi leurs défauts qu'il faut laisser subsister pour les opposer aux défauts plus considérables et plus dangereux que conserve encore la forme de leur gouvernement. Milord Stanhope est persuadé que si on parvenoit par de bons réglemens à rendre le peuple de Londres modeste, doux et docile comme les bourgeois de Paris aux premiers ordres d'un commissaire de police, avant que d'avoir restraint la prérogative royale, la cour deviendroit colère, orgueilleuse et tyrannique ; et que le parlement qui se sentiroit des mœurs générales de la nation, n'auroit bientôt plus une certaine âpreté de caractère qui entretient le courage

et la liberté. Il croit que la licence
qui produit quelquefois des libel-
les, prévient un mal plus grand
que produiroit l'ignorance des citoyens. Il peut se faire que quelques ministres aient été troublés
dans des opérations raisonnables
par des satyres et des écrits inju-
rieux; mais il est certain que l'attention du public à les examiner
et à les blâmer, a servi de frein à
leur ambition. Il m'a rapporté
plusieurs projets de bills qui ont
été proposés dans le parlement;
que la plupart de nos politiques
prendroient pour des chefs-d'œu-
vres de sagesse, et auxquels cependant les Anglois auroient été
insensés de donner force de loi
dans la situation présente de leur
gouvernement.

Ces réflexions judicieuses m'ont
rappelé, monsieur, les *Annales
politiques* de l'abbé de Saint-Pierre,
qui parurent il y a quelque temps;

2.   C

Que de droiture ! disois-je avec
tout le monde ! Que de bienfai-
sance dans cette politique ! Quel
amas d'idées utiles ! Qu'il seroit
heureux que ces admirables spéculations fussent réduites en pratiques ! Pourquoi notre perversité
ne nous permet-elle de les regarder
que comme les rêves d'un homme
de bien ? J'ai changé d'avis depuis
que je suis instruit par milord. J'ai
lu attentivement, m'a-t-il dit, tous
les ouvrages de ce bon citoyen, et
il m'a paru bien surprenant qu'a-
vec beaucoup d'esprit, plus d'a-
mour encore pour la vérité, quatre-
vingts ans passés dans le commerce de vos philosophes et des
gens du monde, et sous un gouvernement dont il avoit cent et cent
fois vu les abus les plus extraordinaires, il ne soit pas parvenu à
connoître les hommes et les ressorts de la société. Milord est sérieusement fâché que le François

le plus zélé de son temps pour le
bien public, n'ait presque toujours
imaginé que des réformes contraires à notre liberté, et favorables au
despotisme.

En effet, monsieur, lisez la méthode de l'abbé de Saint-Pierre,
pour rendre les ducs et pairs utiles ; et sa doctrine au sujet des immunités du clergé, des priviléges
de la noblesse, du pouvoir et des
devoirs de nos parlemens ; et vous
trouverez par-tout qu'il mérite les
justes reproches que je lui fais.
Croit-il voir quelque part un abus ?
il ne manque jamais de vouloir
l'écraser sous le poids de l'autorité
royale, et il ne lui en coûte rien
pour imaginer un ministre honnête
homme, qui voudra et qui fera le
bien sans difficulté. Il sait que le
citoyen doit obéir au magistrat ;
mais il ignore parfaitement qu'il
est encore plus nécessaire que le
magistrat obéisse à la loi. Il met

toujours le roi à la place de la loi ,
au lieu que dans un plan raisonnable de réforme , tout doit tendre
à soumettre le roi à la loi. Nos
maux ne viennent pas de l'indoci-
lité des sujets , mais de l'abus que
le gouvernement fait de leur obéis-
sance. Voilà le siège de notre maladie ; c'est là qu'il faut appliquer
un remède. Toujours conduit par
de petites vues, l'abbé de Saint-
Pierre veut prévenir quelques accidens , mais il en entretient la
cause. Qu'on propose au contraire
des arrangemens propres à retirer
les lois de l'esclavage où elles sont
tombées; et vous verrez cesser les
abus , et le bien se fera de lui-
même sans qu'on y pense. Il s'agit ,
dit milord, de relever l'ame affais-
sée et humiliée de la nation ; tout
homme qui l'invite à croire que
l'esclavage lui convient , est malgré ses bonnes intentions , un citoyen aveugle et plus pernicieux

que votre brouillon d'archevêque
à qui vous avez plus d'obligation
que vous ne pensez , et qui, par
son opiniâtreté , vous a retirés de
votre engourdissement....

Au milieu de cet océan du pouvoir arbitraire , me dit milord, ne
voyez-vous pas flotter çà et là
quelques débris de votre ancienne
indépendance ? Eh bien ! continua-
t-il, ce sont autant de planches que
la fortune vous offre pour réparer
votre naufrage. Vous devez vous
y attacher avec force ; c'est un secours avec lequel vous pouvez vous
soutenir sur l'eau. Nagez encore :
un peu de courage ; ne désespérez
pas ; peut-être qu'un coup de vent
imprévu vous jettera dans un port.
Faites-y attention : le despotisme
est extrême en Turquie, parce qu'on
n'y voit aucune compagnie, aucun
corps , aucun ordre privilégié de citoyens. Provinces , villes , bourgs,
tout est gouverné par un ministre de

2.   C 3

la tyrannie du serrail; et tout terrible
qu'il est dans son département, le
Sultan le fait étrangler aussi aisément qu'on tue un lapin dans cette
forêt. Vous avez au contraire des
agrégations, des compagnies ; votre clergé forme encore un corps ;
votre noblesse conserve encore le
souvenir de sa grandeur passée et
de ses priviléges particuliers : il
faut avoir de certains ménagemens
pour sa vanité. Vous avez par-tout
des parlemens, et quelques-unes
de vos provinces se gouvernent encore par des Etats. On n'étrangle
point tout cela comme on étrangle
un visir ou un bacha qu'on a tirés
de la poussière. »

Ces corps tiennent de la coutu-
me ou de leur ancienne constitution une certaine manière d'être ;
et quelque contraires que puissent
paroître leurs priviléges aux maximes d'une politique qui se proposeroit un gouvernement parfait, il

ne faut pas croire qu'en les détrui-
sant, on fit un pas vers le bien.
N'est-ce pas Machault, que vous
appelez un certain homme qui a
gouverné vos finances ? C'étoit un
tyran, de vouloir dépouiller le
clergé de ses immunités et l'assujettir à une nouvelle forme de con-
tribution, sous prétexte que tout
citoyen doit subvenir également
aux besoins de l'état. Quelle ab-
surdité, de vouloir transporter dans
une monarchie les maximes d'un
gouvernement libre ! Les honnê-
tes gens qui applaudissoient à cette
conduite sans découvrir le piége
qu'elle cachoit, n'étoient en vérité
que des sots. On auroit aboli les
priviléges du clergé, sans que les
tailles et la capitation, ainsi que
s'en flattoient des étourdis, eussent
diminué d'un sou. Il est plaisant de
croire que le gouvernement volera
un corps de l'état pour faire des
restitutions à l'autre. Les François

sont trop crédules ou trop prompts à espérer. Savez-vous ce qui seroit arrivé ? En voyant le clergé humilié, les autres ordres auroient souffert leur humiliation avec plus de stupidité.

Je voudrois, me dit milord, que chez une nation qui n'est pas libre, on se gravât bien profondément dans la tête que les réformes proposées par le ministère sont autant de panneaux qu'il tend à la confiance des peuples. On commence toujours par mettre un bien ; et peut-être que pour tromper les esprits, on tiendra d'abord parole : mais soyez sûr que le mal n'est pas loin ; les despotes ont le malheureux secret d'infecter tout ce qu'ils touchent. Lisez l'histoire de toutes les monarchies, et vous verrez partout que c'est à force de réprimer de petits abus dans la nation, qu'est né l'abus intolérable du pouvoir arbitraire ; examinez comment se

sont formées les aristocraties ;
voyez par quel art les magistrats
se sont rendus les maîtres du peuple : et par-tout vous trouverez
qu'on a fait le mal sous prétexte
de faire le bien. Ne voyez-vous
pas qu'on se fait un titre de la sottise que la noblesse et votre tiers-
état ont eue de rendre le roi maître, de leur fortune , pour attaquer aujourd'hui les immunités
du clergé ? Ce qui se passe sous
vos yeux n'est pas nouveau. Un
droit qu'on vient d'acquérir par
adresse est à peine établi, qu'il sert
déjà de titre pour en usurper un autre : en un mot, c'est une règle générale , et toujours vraie, qu'un
corps ne perd jamais aucun de
ses droits, sans que tous les citoyens ne ressentent le contre-
coup de cette perte. Est-on inférieur ? on est écrasé par la chûte
de son supérieur : est-on placé au
dessus du corps qu'on humilie; une

marche de l'estrade sur laquelle on est élevé, s'est écroulée.

La politique, poursuivit milord, prescrit un certain ordre dans la conduite des peuples qui veulent secouer le joug; toutes les circonstances ne sont pas égales pour le succès d'une pareille entreprise; et si on ne les consulte pas pour oser plus ou moins, on échouera nécessairement. Il y a des momens de fermentation chez tous les peuples, dont il faut se garder d'être la dupe. Le mouvement est-il subit et occasionné par un accident passager ? vous devez n'en rien espérer : est-il le fruit d'un ressentiment ? les esprits ne se sont-ils échauffés qu'avec lenteur et avec peine ? je compterai alors sur leur fermeté, et ils voudront être libres, si je leur fais voir que la liberté seule peut les rendre heureux. Ce n'est pas tout; il faut faire une attention particulière aux motifs qui excitent la fermentation : le peuple se lassera de souhaiter un bien, s'il lui paroit d'un prix inférieur à la peine qu'il se donne pour l'acquérir : il ne sacrifiera pas sa fortune pour faire simplement diminuer ou abolir un impôt. Mais quand nos pères, après que la doctrine de Luther et de Calvin eut fait de certains progrès, furent animés par un intérêt supérieur à tous les biens de ce monde, ils se trouvèrent capables de faire les plus grands sacrifices, et de supporter les plus longs dangers. La constance que leur inspiroit l'intérêt de la religion, leur donna la persévérance nécessaire pour réformer notre gouvernement, et la même cause produira encore les mêmes effets.

Mais dans le cours ordinaire des choses, où rien ne se fait que par des mouvemens mesurés, il faut tâcher de remonter peu à peu aux principes abandonnés et presque

oubliés, de son ancien gouvernement. Cette méthode confirmée par
des expériences constantes et uniformes, empêche que les esprits
ne soient effarouchés par la nou-
veauté ou la hardiesse des entreprises : elle trouve les cœurs pré-
parés à une révolution, parce que
nous sommes naturellement por-
tés à respecter la sagesse de nos pères ; et sans trop irriter le despote,
elle empêche qu'il ne se porte aux
dernières extrémités.

Vous sentez dès lors combien il
est important de conserver avec
soin ces restes de droits, de priviléges et de prérogatives, que quelques corps et quelques provinces
tiennent de l'ancienne constitution;
ce sont, pour parler ainsi, autant
de jalons qui vous marquent la route que vous devez vous faire. Qu'on
ôte à la noblesse toutes ses distinctions : vos bourgeois qui en sont
jaloux n'y gagneront rien; et les
bachas

bachas de vos provinces en seront plus durs, moins polis et plus injustes. Tant que le clergé conservera ses immunités, la noblesse et le peuple se souviendront que ces droits, particuliers aujourd'hui aux ecclésiastiques, étoient communs autrefois à tous les citoyens; et dans une occasion favorable, l'espérance de les recouvrer les rendra capables de les reprendre. Que la noblesse ne soit pas offensée de la fierté qu'elle trouve quelquefois dans les ordres inférieurs des citoyens : s'ils étoient entiérement écrasés, on la forceroit bientôt elle-même à renoncer à son orgueil. Ne comprenez-vous pas que vos grands seigneurs ne sont obligés de valeter aujourd'hui dans les antichambres, et d'y mendier de petites faveurs, que, parce que cette petite noblesse qui faisoit la force, le lustre et la grandeur de leurs pères, tremble sous les ordres

2. D.

d'un intendant ou d'un commandant de province ? Tant que les parlemens défendront avec vigueur leur police, leur forme et leur dignité, le peuple pensera que le roi n'est pas, comme le Grand-Turc, maître de tout renverser au gré de ses fantaisies. Cette manière de penser entretiendra une certaine élévation dans les ames. En un mot, c'est le courage des corps et des grandes compagnies qui sert de sauve-garde et de point de ralliement aux bons citoyens; c'est leur servitude qui retrécit et affaisse l'esprit et le cœur des particuliers.

Vous devinerez sans peine, Monsieur, les conséquences que milord Stanhope a tirées de ces réflexions. Si quelques corps conservent encore leur forme primitive, non-seulement ils sont en droit de la défendre, c'est même un devoir auquel ils ne peuvent manquer sans

se rendre coupables de trahison en-
vers la société. Si les progrès du
pouvoir arbitraire les ont déjà
abâtardis, ils ne doivent rien négliger pour réparer leurs pertes.
Ont-ils en quelque sorte changé de
nature ; ne conservent-ils rien de
leur première institution ; ne peu-
vent-ils plus appliquer les anciennes coutumes à leur situation présente ?. qu'ils saisissent toutes les
occasions pour sortir de leur abaissement ; qu'ils tâchent, suivant que
les circonstances le permettront ;
de se faire de nouveaux droits ; et
qu'au défaut des anciennes lois fondamentales, qu'on ne consulte
plus, et qu'à peine on daigne
nommer, ils aient recours au droit
naturel, qui est, et qui sera toujours le même dans tous les temps
et dans tous les lieux.

C'est une prudence, mais une
prudence pleine de courage, qui
doit diriger la conduite des corps.

2. D 2

Leur faute la plus ordinaire, c'est de ne pas connoître leur force ou de s'en défier. Je vous l'avoue, me disoit milord, je ne suis point en peine de leur succès, quand on les attaque sans ménagement et avec cette sorte de hardiesse effrontée qui suppose toujours du mépris pour eux. On les irrite par ces bravades, en même temps qu'on leur apprend ce qu'ils doivent craindre pour l'avenir. On les attache, par cette hauteur, à leurs intérêts autant par passion que par raison. On les rend enfin plus entreprenans, en les retirant d'une routine qui ralentit leur marche. Mais je tremble pour eux quand on s'étudie à les corrompre par des faveurs, ou à les tromper en les laissant s'engourdir dans le repos.

Tout est perdu si on emploia pour les séduire, ces ruses, ces finesses, ces cajoleries, qu'on a appelées du beau nom de politique;

et que les affaires se traitent par
voie de négociation, cet art funeste
produira l'effet qu'en attend un
despote, si les corps qu'il veut hu-
milier ou détruire, au lieu de ne
parler que de leur devoir, et de
prendre le public pour arbitre ou
pour juge, ont la malhabileté de
chuchoter leurs raisons, et de défendre par des artifices leur dignité
ou leur existence. Telle est la nature des choses : la ruse doit à la
longue réussir au plus puissant,
dès que le plus foible aura l'imprudence de négocier : dans toute négociation, la raison du plus fort fi-
nit par être la raison la plus forte.
Les corps n'ont que les lois, leur
honneur et une conscience inle-
xible à opposer à leurs ennemis ;
rompre plutôt que plier, voilà leur
devise. Une gravité magnanime
leur conciliera l'estime ou plutôt
l'admiration publique ; avantage
d'autant plus considérable que le

despote qui n'ose encore faire une violence ouvertement, se verra dans la nécessité de reculer ou de se rendre odieux.

Vous connoissez, monsieur, un certain petit homme qui, en donnant une tournure philosophique à des vérités proverbiales, s'est fait auprès de certaines gens la réputation d'un grand philosophe. Ce petit homme, qui se remue dans le monde comme si on l'avoit fait le tribun des gens-de-lettres ; qui a une très-grande ambition pour de très-petites choses ; qui ne passe pas pour flatteur ou pour bas, parce qu'il est impertinent en public, qu'il y parle d'un ton brusque et décisif, et qu'il attend un tête-à-tête pour être modeste et complaisant ; eh bien donc, ce petit homme qu'on avoit fait venir de je ne sais quelle petite ville, pour lui faire faire je ne sais quel petit profit, se trouvoit aux états d'une province qu'on vouloit dépouiller de ses droits : il ne manque pas de clabauder, avec ces poumons invincibles que Dieu lui a malheureusement donnés, qu'il falloit couper le différend par la moitié, et faire habilement le sacrifice d'une partie de son droit pour conserver l'autre.

Non, monsieur ! notre grand philosophe et ses pareils bavarderont tant qu'il leur plaira ; vous et moi nous en croirons milord Stanhope. Il est question d'exister, s'ecrient-ils. Sans doute, et milord dit la même chose : mais il veut qu'on existe avec honneur et avec sureté, et il nous offre des moyens nobles, grands et sûrs pour exister ; tandis que les autres, corrompus par l'espérance de quelque gratification, ou ne consultant que leur poltronerie, se contentent d'une existence précaire, et courent ainsi à leur ruine. Leur grand argument, c'est qu'il est indécent que le roi recule devant ses sujets : sa dignité en seroit blessée. Cela s'appelle, dit milord, renverser toutes les idées de la société; c'est dire que la nation est faite pour le prince, et non le prince pour la nation. Au compte de ces messieurs, seroit-il plus décent, que la vérité, la justice et la raison reculassent devant le roi ?

J'en appelle à l'expérience, monsieur : parcourez toutes les histoires ; je n'en excepte aucune : vous verrez que la mollesse dans la conduite a toujours fini par ruiner les partis qui s'y sont confiés, et que la fermeté au contraire a toujours eu le succès le plus complet. Pourquoi ? c'est que chaque homme porte dans l'ame un commencement de crainte qui le perd s'il s'y livre : tel ennemi que j'aurois effrayé par un peu de courage, devient audacieux si je lui laisse voir

que je le crains; telle est la morale des passions. Il n'y a pas long-
temps que le parlement de Paris a
triomphé de la cour, parce qu'il n'a
pas craint d'être exilé. Dans une
circonstance encore plus critique;
cette compagnie ne s'est soutenue
qu'en ne se relâchant sur rien. Elle
se seroit perdue et nous avec elle,
si elle n'eût mieux aimé donner ses
démissions et s'anéantir en quelque
sorte, que de souffrir qu'on l'avilît.
Le courage impose à l'imagination
des personnes même les plus sages;
mais la prudence, si elle n'est que
commune, est presque toujours
peu estimée; et plus elle est grande,
moins elle est apperçue par le public.

Il me semble que ma lettre commence à devenir bien longue; je
ne la finirai pas cependant, monsieur, sans vous faire part d'une
réflexion bien importante. S'il est
du devoir des corps et des compa-

gulos, m'a dit milord, de tout tenter pour soutenir leurs droits, ce ne doit être que dans la vue de secourir, de servir et de protéger la nation entière. Sans cela, ils ne disputeroient à l'oppresseur de l'état que le droit exclusif de tout opprimer. Voulant être eux-mêmes des despotes, ils aliéneroient le cœur de la nation ; elle ne paroîtroit plus derrière eux comme un corps auxiliaire, et ne se défendant alors qu'avec leurs seules forces, ils succomberoient nécessairement.

Que penseriez-vous donc, lui dis-je, milord, d'un clergé, qui, en refusant de payer le vingtième auquel on voudroit l'assujettir, diroit simplement que ses biens sont sacrés, qu'ils appartiennent à Dieu, et que des mains profanes n'y peuvent toucher sans sacrilège ? Que penseriez-vous si, s'enveloppant ridiculement d'un droit divin pour étonner les sots, il affectoit

de cacher qu'il tient ses immunités de l'ancienne constitution de la
monarchie ; et que dans la crainte
de déplaire à la cour, il n'ose apprendre, ou plutôt rappeler à la
noblesse et au tiers-état, qu'ils ne
contribuoient autrefois aux besoins
du roi que par forme de dons-gra-
tuits ? Que penseriez-vous, milord,
si pour se garantir du pillage, ce
clergé disoit froidement au prince,
que rien ne l'empêche de se dé-
dommager de ce qu'il perd avec
les ecclésiastiques, en pressurant à
son gré ses autres sujets ?

Je penserois, me répondit-il, que
ce clergé seroit très-injuste, très-
lâche et très-sot : il favoriseroit
une injustice criante, n'oseroit
montrer une vérité très-certaine,
et ne comprendroit pas la maxime
très-évidente que je viens de vous
dire, que les corps, quel que soit
leur crédit, ne peuvent lutter avec
un succès constant contre le pou-

voir arbitraire, qu'autant qu'ils ne séparent pas leurs intérêts particuliers des intérêts généraux de la nation.

Adieu, monsieur : il est temps de finir ; j'ai assez écrit ; vous avez assez lu. Demain je vous rendrai compte de la partie la plus intéressante de cet entretien, que je vous avois annoncée. Je vous embrasse de tout mon cœur.

A Marly, ce 17 août 1758.

LETTRE SIXIÈME.

Suite du quatrième Entretien. Des Provinces qui veulent se rendre libres en se détachant d'une Monarchie. Moyens pour établir les Etats - Généraux en France. Quelle doit être leur conduite.

JE n'interrompis presque point milord Stanhope, monsieur, pendant qu'il m'exposoit la doctrine dont j'eus l'honneur de vous rendre compte hier au soir, et que je pourrois appeler, pardonnez-moi cette expression, les prolégomènes de la liberté. Milord, lui dis-je, enfin, vous me l'aviez bien promis, et vous ne m'avez pas trompé : notre voyage à la liberté sera long ;

2.

nous voyageons à bien petites journées. J'en ai peur, me répondit-il en badinant ; mais ce n'est pas ma faute, si, ayant à voyager par des chemins très-difficiles, rompus par-tout, bordés souvent de précipices, et infestés par des brigands, il faut commencer par préparer des équipages capables de résister à la fatigue, vous instruire de votre route, faire marcher devant vous des pionniers qui la réparent, et prendre beaucoup de précautions contre les dangers qui vous attendent.

S'il s'agissoit, continua-t-il, de rendre libre quelqu'une de vos provinces, et d'en faire une république en la détachant du corps de l'état, je n'oserois presque pas l'espérer, quoique cette entreprise paroisse au premier coup-d'œil plus aisée que la réforme de la monarchie entière. Ce seroit à la force seule à décider de cette grande quetelle, et vous voyez d'abord à quels extrêmes dangers s'exposeroient les rebelles; car il n'est pas vraisemblable qu'une province puisse résister au roi, tandis que les autres lui seront fidèles.

On choisira, me direz-vous, quelque circonstance favorable pour se soulever. Une guerre étrangère et malheureuse, des finances épuisées, de mauvais généraux, des ministres plus mauvais encore, qui ne savent ni ce qu'ils font, ni ce qu'ils veulent faire; que pouvez-vous désirer de mieux? Ne suffit-il pas dans ce moment de crier à la liberté, de supprimer les impôts, de mettre en fuite les traitans, de s'allier avec les étrangers, pour retirer la Bretagne, la Guyenne, la Provence, ou quelque autre province frontière, de son assoupissement? Non, vous répondrai-je : je ne vois là qu'une émeute. Après avoir éprouvé un mouvement convulsif, le peuple retombera bientôt dans sa léthargie, si l'amour de la liberté et des lois n'est pas l'ame de son entreprise.

Les bons principes sont trop rares parmi vous, pour que la guerre civile puisse être avantageuse à quelqu'une de vos provinces, et il n'y faut pas recourir témérairement; car si elle ne produit pas la liberté, elle accélère les progrès du despotisme et le rend plus dur. Au lieu d'un Nassau qui fonda les Provinces-Unies, à peine trouveriez-vous aujourd'hui pour chef un de ces petits frondeurs qui ne vouloient se faire craindre que dans la vue de se vendre pour un gouvernement, un chapeau de cardinal, une patente de duc, ou une pension. Voyez notre flotte qui tente des descentes sur vos côtes : elle épouvante la Bretagne et la Normandie, au lieu d'y faire naitre des pensées de liberté : vous ne voyez donc rien au-dessus de votre qualité de sujets. Autrefois que vous aviez plus de nerf, vos chefs de rebelles n'établirent aucune forme de gouvernement dans les provinces qui servirent de théâtre à leurs révoltes. Ne donnant par-là aucun objet fixe, ni aucun point de réunion aux esprits, les mécontens ne savoient à quoi s'affectionner, et continuoient à regarder l'ancien gouvernement comme celui sous lequel ils devoient rentrer : les chefs n'intéressoient donc à leur entreprise que leurs soldats, et se privoient des forces et des secours du pays, qui souffroit impatiemment les maux de la guerre, parce qu'il ne voyoit rien d'avantageux pour lui en continuant.

Cette faute a été la principale cause de leurs désastres : une conduite contraire a fait le succès des Provinces-Unies. Je gage que vos

révoltés ne seroient pas aujour-
d'hui plus habiles que sous la mi-
norité du feu roi. S'ils sentoient
par hasard la nécessité de former
un gouvernement , comment s'y
prendroient des hommes pleins
d'idées de despotisme, et que toutes leurs habitudes ne portent qu'à
obéir aveuglément ? Ne vous y
trompez pas, les talens militaires
sont sans doute nécessaires à un
homme qui veut établir la liberté,
les armes à la main; mais il ga-
gnera des batailles inutilement, s'il
n'est pas homme d'état. Peut-être
vos mécontens ne conjureroient-
ils encore que la disgrace d'un
ministre; et se contentant de crier
point de Mazarin, se rendroient-
ils odieux ou méprisables par la
petitesse ou l'inutilité de leurs projets.

Si nous en avions le temps, ajouta milord, je vous parlerois de la
forme de gouvernement que doit

établir une province qui veut sérieusement se soustraire au joug
d'un maître qu'elle redoute. J'y ai
autrefois rêvé en examinant la manière dont la république des Provinces-Unies s'est formée : il seroit
je crois dangereux de vouloir établir un gouvernement d'abord trop
parfait ; on révolteroit trop de préjugés ; on blesseroit les intérêts
de trop de gens. Dans ces circonstances critiques , le législateur
doit, pour ainsi dire, descendre de
ses hautes spéculations , et se contenter des établissemens les plus
propres à faire aimer et desirer la
liberté sous la forme par laquelle
elle peut plaire davantage. Dans
presque toute l'Europe, les gentils-
hommes pleins d'idées obscures de
leurs fiefs et de leurs seigneuries,
mais abâtardis sous un gouvernement monarchique, cherchent plutôt des respects et des marques de
considération, qu'un pouvoir véri-

table ; et les ecclésiastiques, nés ordinairement sans fortune, préfèrent l'argent à tout. En flattant la vanité des uns et l'avarice des autres, il faudroit profiter de leurs passions, pour donner du crédit au tiers-état, sans le rendre cependant trop puissant ; car accoutumé à trop respecter ce qui est au-dessus de lui, il seroit embarrassé d'un pouvoir qu'il ne connoît pas, ou il en seroit enivré. Je voudrois établir, si je puis parler ainsi, une république féodale, qui, dès sa naissance, propre à flatter, réunir et échauffer les esprits, les éclaireroit cependant assez pour qu'ils desirassent enfin quelque chose de meilleur.

Mais laissons tous ces détails ; on ne peut proposer que des vues très-générales à une province qui se sépare d'un état puissant, et dont les lois et la politique se forment au milieu du tumulte des armes.

Tout cède alors au cours impé-
rieux des événemens, tout se décide suivant le besoin de chaque
circonstance : un succès heureux
permet quelquefois à la prudence
de tenter une entreprise téméraire ;
quelquefois un accident inopiné dé-
concerte les opérations de la sagesse
la plus profonde : on est souvent
obligé de s'abandonner à la fortune,
sans avoir d'autre boussole dans la
tempête que son courage et son
amour pour la liberté ; et si l'un de
ces deux guides manque pour vous
remettre, à la première occasion,
sur la route que vous avez aban-
donnée, vous échouerez bientôt
contre quelque écueil.

Tout ce que pourroit peut-être
imaginer de plus sage un peuple de
révoltés, ce seroit, d'écrire à la
tête de ses lois, qu'elles ne sont que
provisoires, et qu'il se réserve la
faculté de les examiner dans le
calme de la paix ; et de changer et

modifier dans une république solidement établie, des règlemens
qui n'ont peut-être été bons que
pour la former. Cette politique,
qui entretiendroit l'espérance d'un
meilleur sort, rendroit indulgens
sur mille accidens qui peuvent effaroucher des esprits jaloux de leur
liberté : elle empêcheroit qu'ils ne
se divisassent dans le temps qu'ils
ont le plus grand besoin d'être unis,
et préviendroit tout engouement
prématuré pour une constitution
imparfaite. L'état, par conséquent
plus disposé à se réformer, ne cour-
roit point risque de succomber pendant la paix sous des préjugés et
des usages qu'il auroit contractés
pendant la guerre. Cet avantage
est immense; car je vous prie de
remarquer combien de peuples ont
été malheureux pour avoir changé
en principes généraux de leur gouvernement, quelques règles qui
leur avoient réussi dans des cas particuliers.

Milord, lui dis-je après l'avoir écouté attentivement, je comprends votre pensée, et toutes mes espé-ances s'évanouissent. Vous avez raison, et je devine sans peine tout ce que votre politesse vous empê-che de me dire sur la mollesse et la frivolité de notre caractère; mais si aucune de nos provinces n'a ce qu'il faut pour conquérir sa liberté, quelle ressource voulez-vous qu'il reste à la masse entière de la mo-narchie ? Tout n'est-il pas déses-péré dès qu'il est imprudent de re-courir à la force, et qu'elle aggra-veroit nos maux ? Croyez-vous qu'un prince jaloux de son autorité et persuadé de la meilleure foi du monde, que nous lui appartenons comme les cerfs de son parc, et que nous devons nous immoler à ses plaisirs, se laissera toucher par des prières ou des raisonnemens de politique et de morale, et qu'il abdiquera toute sa puissance ? Je n'ai pas foi aux prodiges. Que ferons-nous de ces misérables débris de notre ancienne indépendance dont vous parliez il n'y a qu'un moment ? Quelle planche pour réparer notre naufrage ! En luttant contre les abus du despotisme, on ne peut tout au plus qu'en retarder les progrès. Je vous en demande pardon, milord, j'en reviens à ma première philosophie; ce n'est pas la peine de se tracasser pour être libre, quand on est sûr de demeurer toujours esclave. Cette situation est trop violente : il faut se décider ; mon parti est pris, et je vais m'accommoder de ma servitude le mieux qu'il me sera possible. La postérité n'aura rien à reprocher à la génération présente ; nos neveux auroient fait à notre place ce que nous faisons : l'impulsion donnée à toute la machine politique est trop forte pour tenter de la changer; le despotisme augmentera, les abus se multiplieront ; le droit de propriété déjà ébranlé par l'établissement arbitraire des impôts, ne sera plus respecté. On attente sans scrupule à la liberté des personnes ; les bastilles regorgent de prisonniers qu'on ne daigne pas même instruire de leurs prétendues fautes ; tout se tait devant une lettre-de-cachet ; il ne faut qu'un prince dur, mélancolique et soupçonneux, un Louis XI, un Charles IX, pour forcer les foibles obstacles que la mollesse de nos mœurs oppose à la cruauté. Les proscriptions de Sylla n'ont rien de plus affreux que notre Saint-Barthélemi : on attentera à notre vie, en nous laissant peut-être, à l'exemple des empereurs romains, le choix de notre supplice : tant pis ! j'en suis fâché, mais je ne sais qu'y faire.

Vous désespérez donc du salut de la république ? m. repartit milord. Il prononça ces mots d'un air froid et tranquille qui m'auroit fait rougir, s'il ne m'avoit rendu quelque confiance. Pour moi, reprit-il, j'aurois cru qu'en s'opposant aux progrès du despotisme par les moyens dont je viens de vous parler, on se mettoit en état de le renverser. Haïr le pouvoir arbitraire, n'est-ce pas commencer à aimer la liberté et les lois ? A mesure que ces sentimens s'étendront et se multiplieront, un peuple n'acquerra-t-il pas infailliblement les qualités nécessaires pour se rendre libre ? Les provinces d'Espagne et plusieurs autres royaumes n'ont peut-être point d'autre ressource pour recouvrer leur liberté qu'une révolte ouverte ; car je ne vois dans leur gouvernement aucune institution dont ils puissent attendre la réforme de leur monarchie : qu'ils se révoltent donc, s'ils le peuvent; mais vous autres François, pour-

suivit milord, vous n'en êtes pas
réduits à cette dure extrémité.
Quand il reste encore des espérances raisonnables, pourquoise livrer
au désespoir, à l'inaction et au dé
couragement ? J'ai vu, ajouta-t-il,
dans vos derniers démêlés du parlement avec la cour, le moment où
vous auriez été libres, si vous
aviez voulu l'être; et ce moment,
soyez-en persuadé, renaîtra encore
plus d'une fois.

N'est-il pas vrai que votre parlement, en supportant l'exil avec
courage, a forcé la cour à le rappeler aux conditions qu'il exigeoit?
Quoique quelques membres de ce
que vous appelez la grand'cham-
bre, eussent trahi depuis les intérêts de l'état et de leur compagnie,
n'avez-vous pas vu que la démarche généreuse que fit tout le reste
du parlement de donner ses démissions après un certain lit de justice
tenu, je pense, dans les derniers

mois de 1756, l'a fait encore pleinement triompher de l'orgueil de vos ministres et du crédit du clergé?

Voilà des faits certains, répondis-je : qu'en conclurez-vous, milord ? Que vous commenceriez à être libres aujourd'hui, me repartit-il vivement, si ce même parlement, que je ne crois pas fait pour gouverner la nation, mais qui peut lui rendre sa liberté, avoit cru quelques mois auparavant, qu'il étoit de son devoir de montrer la même magnanimité, lorsqu'on établit chez vous un second vingtième. J'aurois voulu que cette compagnie fit des remontrances aux premières propositions de ce nouvel impôt ; peignit avec énergie et sans emphase, la misère du peuple accablé sous le poids des charges publiques ; suppliât le roi de ne point exiger de ses sujets des contributions qu'ils étoient dans l'impuissance de payer, et plus funestes à l'état que la guerre la plus malheureuse et la perte de l'Amérique. J'aurois voulu, en un mot, que le parlement déclarât formellement que ni son honneur ni sa conscience ne lui permettoient d'y consentir.

Tout cela, milord, lui dis-je, a été fait, et tout cela n'est regardé à la cour que comme une chose de style. On passe au parlement tous ses lieux communs sur son honneur et sa conscience, parce qu'on sait bien qu'il ne fait jamais ce qu'il se dit obligé de faire A la bonne heure, me répondit-il; ce n'est pas une comédie ridicule que je demande; je suppose qu'on parle sérieusement. Mais ce qui n'auroit pas été regardé tout-à-fait sur le pied d'une déclamation, c'est que votre parlement eût répondu à de seconds ordres par de secondes remontrances, dans lesquelles il auroit avoué tout franchement qu'il avoit autrefois outrepassé son pouvoir en consentant à de nouveaux impôts. Je suppose qu'il eût établi, comme une vérité incontestable, le principe très-vrai et très-facile à prouver, que la nation seule a le droit de s'imposer; qu'il eût tracé un tableau historique des usurpations des rois, et qu'en conséquence il eût demandé la tenue des états généraux.

Qu'en seroit-il résulté ? Vous auriez vu, continua milord, l'effet prodigieux qu'auroient fait sur le public de pareilles remontrances. Vos plus petits bourgeois se seroient subitement regardés comme des citoyens : le parlement se seroit vu secondé par tous les ordres de l'état ; un cri général d'approbation auroit consterné la cour ; et il n'y a pas jusqu'à ce que vous appelez vos grands seigneurs, qui, reprenant une sorte de courage, n'eussent senti qu'on alloit leur rendre quelque dignité, et les mettre en état de se venger de l'humiliation où les tiennent trois ou quatre ministres. La cour qui ne regarde actuellement les magistrats parlementaires que comme de simples commis du roi pour juger en son nom les particuliers, et qui veut même que l'enregistrement ne soit qu'une vaine formalité, dont, à la rigueur, on peut se passer, auroit négocié avec ce parlement pour lui prouver que l'enregistrement lui appartient de droit, et qu'il peut, sans scrupule, représenter la nation. Vos ministres, tour-à-tour timides et emportés, et toujours consternés quand quelque obstacle les arrête, en viendront enfin, pour terminer la querelle ou la négociation, à tenir un lit-de-justice. Je suppose que vos pairs et les grands officiers de la couronne n'osent encore montrer leurs sentimens secrets, et opinent en vrais courtisans; on transcrira donc sur les registres le plus bel édit du monde : on fera main-basse sur tous les arrêtés, condamnés à être cancellés ; le chancelier aura parlé comme un ange ; mais tout n'est pas fini. Qui empêche que le parlement, en protestant contre la violence faite aux lois, ne déclare l'enregistrement nul, ne défende en conséquence de lever le vingtième, ne redemande la convocation des états ; et en attendant, ne suspende ses fonctions, et ne demeure chambres assemblées ?

Croyez-vous que cette compagnie se fût fait alors moins d'honneur, ou eût été moins forte que quand elle souffroit l'exil et la prison pour déshonorer je ne sais quel chiffon de bulle ou de *constitution* qu'il suffisoit de mépriser ? Je ne sais ce que c'est que cette grace de S. Augustin et de S. Thomas. Est-ce que vous êtes moins attachés à votre argent qu'à des ques-

tions arguës auxquelles les doc-
teurs eux-mêmes ne comprennent
rien ? Tout le monde n'est pas janséniste ou moliniste ; mais tout le
monde veut être maître de sa fortune et craint les vexations et les
impôts. Dans une affaire de cette
importance, croyez-vous que le
parlement de Paris n'eût pas été vi-
goureusement secondé par tous les
autres parlemens ? Ils n'ont qu'un
même intérêt. Croyez-vous que les
justices subalternes, encouragées
par l'exemple des premiers magistrats et par les éloges et l'admiration du public, eussent osé ne pas
avoir d'héroïsme. Croyez-vous
qu'on puisse se passer des parlemens et de l'administration de la
justice ? Ce que vous appelez la
robe du conseil seroit terriblement
embarrassé : quoique courtisans
dans le cœur, ces messieurs sont
cependant obligés de conserver
quelque réputation de justice, s'ils

ne veulent pas se perdre à la cour
même. Plus la confusion paroîtra
grande , plus vous serez près du
dénouement qui rétablira l'ordre.
Pour moi, ce dont je suis très-con-
vaincu, c'est que dans ces conjonc-
tures , tout acte de vigueur ne serviroit qu'à embarrasser le gouvernement et à mettre sa foiblesse
dans un plus grand jour. Vos ministres méprisent le jugement du
public, mais croyez-moi, ils craignent ses murmures; il n'y a point
de monarque , point de sultan sur
terre, qui ne soit obligé de céder à
l'opinion générale de ses esclaves,
quand elle est connue.

Un roi de France avec ses deux
cents mille soldats doit effrayer
quiconque voudra lui résister par
la force ; et même les choses sont
établies de telle manière , par l'espionnage et la délation, que sans
courage et sans lumière, il oppri-
meroit un rebelle avant qu'il eût

assemblé une compagnie de cent hommes. Mais imaginez des armées innombrables et aussi bien disciplinées qu'il vous plaira, que peuvent-elles contre des magistrats qui n'ont pas l'épée à la main pour attaquer; qui, au lieu de vouloir faire la guerre civile, ne montrent que le plus profond respect pour les lois; que l'exil ne lasse pas; à qui leur propre inaction et l'estime publique servent d'égide, pour repousser les coups qu'on seroit tenté par humeur de leur porter?

Je vous ai dit mon secret, ajouta milord en riant, et peut-être qu'en qualité d'Anglois je n'aurois pas dû vous apprendre le seul remède convenable à vos maux. J'ai étudié votre gouvernement, vos mœurs, vos préjugés, votre doctrine; et je vous défie de m'indiquer quelqu'autre moyen de rendre à votre nation une ame, un caractère, et les vertus qui lui sont nécessaires, et que détruit insensiblement le despotisme. Par quelle autre voie préviendrez-vous l'abaissement honteux que vous prévoyez déjà, et où tomberont certainement vos neveux ? Choisissez entre une révolution et l'esclavage ; il n'y a point de milieu. La réforme du pouvoir arbitraire ne sera point l'ouvrage de ces états particuliers qui subsistent encore dans quelques provinces ; on a pris trop de soin de les dégrader. S'ils se séparent plutôt que d'obéir à une injustice, le despote qui craint ce fantôme de liberté, et qui voudroit le détruire, en sera bien aise : s'ils ont recours aux armes pour se défendre, nous avons déjà vu à quels dangers ils s'exposeroient. Mais en supposant même que, par une suite d'événemens et de circonstances qu'il seroit insensé de prévoir et encore plus d'espérer, une province réussit à recouvrer

sou

son indépendance, pensez-vous qu'elle eût la générosité de venir au secours du reste de la monarchie ? après avoir obtenu les avantages qui lui suffisent, aura-t-elle l'imprudence de commencer une nouvelle guerre en votre faveur, et d'exposer sa fortune naissante à de nouveaux hasards ? La noblesse seroit puissante, si elle étoit réunie ; mais elle est foible, parce que son ordre ne forme plus un corps. Le clergé, il est vrai, personnellement méprisé, et cependant respecté par la dignité de ses fonctions, est aussi nécessaire que vos parlemens : on ne se passe pas davantage de l'administration des sacremens que de l'administration de la justice ; mais n'espérez pas qu'il aime le bien public et qu'il se serve de son crédit pour corriger le gouvernement. Les ecclésiastiques sont ennemis de la liberté ; ils craignent qu'on n'en abuse con-

tre eux : ce n'est jamais fait que
de tromper un peuple libre ; il est
plus facile et plus court de circon-
venir un monarque , et en lui faisant peur de l'autre monde , de le
gouverner dans celui-ci.

D'ailleurs , il ne vous viendra
pas un Charlemagne , qui , connoissant les règles de la justice , et
la véritable gloire , ne veuille être
que le premier magistrat d'une nation libre. Attendez-vous donc que
le prince ne sachant un jour où
donner de la tête , et vaincu par le
malheur des circonstances , vous
prévienne et assemble de bon gré
les états ? Ils seroient vraisemblablement inutiles , parce qu'ils n'auroient pas été précédés par une
certaine fermentation , qui , seule ,
peut donner des lumières et du
courage. La nation qui prendroit
cette démarche volontaire pour
une preuve de repentir , oublie-
roit tout le passé. Vos députés flat-

tés de l'honneur inattendu qu'ils recevroient, distribueroient des fadeurs au gouvernement, au lieu de donner des avis et de reprendre l'autorité qui leur appartient. L'engouement gagneroit vos têtes françoises : malheur à qui voudroit s'y opposer ! Après quelques mots de remontrances , lâchés seulement pour la forme, ces états éphémères , et peu instruits de leurs devoirs , protesteroient qu'ils veulent s'en rapporter à tout ce que la haute sagesse et la grande bontédu conseil décideront. Une révolution, au contraire , ménagée par la voie que je vous ai indiquée , seroit d'autant plus avantageuse, que l'amour de l'ordre et des lois, et non d'une liberté licencieuse , en seroit le principe. Je me défie d'une liberté dont les gens de guerre sont les vengeurs : s'ils oppriment le tyran, il est rare qu'ils n'usurpent pas la tyrannie. Cromvel aura toujours des imitateurs. La sagesse de vos magistrats sembleroit se communiquer à tous les ordres de l'état, et disposeroit les esprits à agir, en faveur des loi , avec courage, mais avec prudence et avec méthode.

Ce discours faisoit renaître, monsieur, quelque rayon d'espérance dans le fond de mon cœur. J'avois écouté milord avec avidité, et le desir d'être persuadé : il se tut ; et, après avoir médité pendant quelques momens sur ce que je venois d'entendre, je lui dis tristement qu'il n'avoit couru aucun risque de trahir l'Angleterre, en me révélant son secret. Milord, ajoutai-je, vous faites trop d'honneur à notre parlement, permettez-moi de vous le dire ; on le voit de trop loin dans les pays étrangers, pour le bien connoître. Après avoir travaillé de toutes ses forces à rendre le roi tout puissant, on diroit qu'il a été effrayé lui-même du colosse de puissance qu'il avoit élevé ; et que, dans la crainte d'être détruit par son propre ouvrage, il auroit voulu revenir sur ses pas. Se mettant à la place de la nation qui n'existoit plus, il s'est fait une sorte de plan de gouverner le roi par le crédit qu'il a sur le peuple, et le peuple par le nom du roi. Peut-être nos gens de loi n'ont pas des idées bien claires et bien développées de ce système, car ils paroissent marcher à tâtons, et avancer ou reculer selon que les circonstances leur sont favorables ou contraires. Quoi qu'il en soit, il n'est pas douteux qu'ils ne se flattent de représenter la nation ; ils le disent publiquement ; ils ont eu même la lâche ambition d'imprimer dans leurs mémoires que le parlement est au-dessus des états, parce qu'il est inséparable de la personne du roi. Comment voulez-vous donc qu'ils demandent la tenue des états ? Ils

n'en feront rien ; ils croiroient perdre leur crédit et leur considération.

Quelle folie ! repartit milord en
m'interrompant. A la bonne heure
que votre parlement, s'il lui plaît
de confondre la cour de justice de
vos premiers rois avec le champ-
de-mars ou de mai, pense tout ce
qu'il voudra de son origine et de
son pouvoir ; mais peut-il croire
sérieusement que le temps, les événemens, de nouvelles circonstances et des révolutions continuelles
ne l'aient pas entiérement dénaturé.
J'ai ouï dire que la robe, chez vous,
n'est regardée que comme un ra-
massis de bourgeois qui peut mériter le respect du peuple , mais
qui est peu considéré par votre
nombreuse noblesse. Je lui pré-
dis donc que si elle veut faire violence aux mœurs publiques en établissant une aristocratie parlemen-
taire, un partage d'autorité avec

le roi, elle échouera nécessairement dans son entreprise. Si le
parlement examine les progrès de
la puissance royale depuis Phi-
lippe-le-Bel, il faut qu'il se re-
proche d'avoir trahi l'état; ou,
pour s'excuser, qu'il convienne
que le fardeau dont il se croit
chargé est trop pesant pour lui,
et qu'il étoit incapable de représenter la nation et d'en soutenir les
droits. Quelles conséquences ne
doit-il pas tirer pour l'avenir ? De
quel front osera-t-il se dire le gar-
dien, le protecteur des lois, tandis
que le gouvernement se défo..ne
continuellement sous vos yeux ?

Si toutes les parties de l'état sont
opprimées, le parlement sera-t-il
préservé par miracle de la ruine
générale ? Il est puissant aujour-
d'hui, parce que Paris le croit Janséniste, que vos étourdis de ministres ne jouissent d'aucune considération, qu'ils se conduisent sans

adresse, et que le public est bien
aise de voir une barrière contre
leur despotisme. Mais ce public ne
se lassera-t-il pas à la fin de respecter et de protéger un corps qui
se contente de faire des remontrances inutiles, et qui n'est occupé
que de ses intérêts ? Si chaque ordre des citoyens s'accoutume patiemment à la misère et à la servitude; si le gouvernement acquiert,
par hasard, plus d'esprit, sans
avoir de meilleures intentions;
quelles ressources votre parlement
trouvera-t-il alors en lui-même
pour prévenir sa décadence ? Il
sait par sa propre expérience,
qu'on peut lui fermer la bouche,
lui interdire l'usage des remontrances, et le forcer à transcrire
sur ses registres tout ce qu'on voudra. Voilà donc ces superbes magistrats, les protecteurs de la nation, réduits à n'être que des juges
de villages. Ces réflexions, ajouta

milord , sont simples ; tout le monde peut les faire ; le parlement les fera infailliblement ; et soyez sûr que dans des circonstances qui se préparent......

Non , non , milord, lui dis-je avec vivacité en l'interrompant, je ne puis me livrer à vos espérances ; par malheur les individus qui composent aujourd'hui le parlement ne se piquent point de patriotisme, et ne portent pas leurs vues aussi loin que vous : peut-être même ne se soucient-ils pas de la gloire et du bien de leur compagnie. Ils veulent qu'elle soit puissante dans le temps qu'ils occupent leurs offices , parce qu'ils tirent de là toute leur considération : peut-être sont-ils assez aveugles pour croire leur crédit inaltérable ; peut-être ont-ils la manie de penser qu'ils sont plus importans à proportion que les autres ordres sont plus avilis. Je vous révèle à mon tour mon secret. Ah ! milord , milord , si vous aviez vu de près comme moi messieurs tels et tels; si vous aviez raisonné avec ces *pères conscrits*, qui sont des chefs de bandes ; si vous saviez combien ce qui n'est pas Janséniste est corrompu ; si vous saviez que ce qui est Janséniste n'est bon que pour se faire acheter un peu plus cher; si vous saviez combien nos robins , malgré leur vanité , sont sensibles à la familiarité des grands seigneurs, et dupes des politesses d'un courtisan ! Faites-moi , milord , la grace de m'en croire ; n'espérons rien de ces petites gens. Occupés du moment présent et de leurs rentes sur l'hôtel-de-ville, ils ne se conduisent qu'au jour le jour ; ils ne travaillent qu'à faire durer la machine autant qu'eux ; l'avenir les inquiète peu : après eux le déluge.

Fi , fi ! répliqua milord, je n'en veux rien croire ; le despotisme n'a pas encore assez affaissé les esprits et corrompu les mœurs, pour qu'une pareille lâcheté forme le caractère des citoyens ; qui, malgré tout ce qu'on peut leur reprocher, composent la classe la plus estimable de votre nation. Si le parlement ne fait pas ce qu'il doit faire, prenez-vous en moins à lui qu'au public entier. Pourquoi Paris voudroit-il que cette compagnie eût d'autres mœurs que les siennes, et fût plus éclairée ? Que les lumières s'étendent et se multiplient ; que les citoyens sentent le besoin d'une réforme ; qu'ils la desirent ; et je vous réponds que nos magistrats, en défendant les lois, ne se déclareront pas contre la liberté. Toute l'Europe a été édifiée de leur courage et de leur constance : on leur a payé un juste tribut de louanges : pourquoi ne feroient-ils pas un jour, pour le bien public, ce qu'ils ont fait pour l'honneur du Jansénisme ? Mais je veux, continua milord, qu'un bas intérêt anime des hommes à qui l'étude des lois doit inspirer quelque goût pour l'ordre et la justice ; faudroit-il leur supposer une mesure d'esprit surnaturelle, pour qu'ils jugeassent qu'en demandant et obtenant par leur persévérance, la convocation des états-généraux, ils augmenteroient considérablement cette autorité dont vous les croyez si jaloux, et ne craindroient plus qu'une banqueroute dérangeât l'hôtel-de-ville et leur fortune ?

Imaginez-vous des ministres effrayés et confondus, et tous les ordres de la nation réveillés sur leurs intérêts ; quel rôle éclatant ne feroient pas les parlemens ? Ils jouiroient d'un crédit immense dans les états qu'ils auroient créés. S'ils vouloient y former un ordre séparé, comme ils firent, si je ne me trompe, sous votre Henri second, ils

en seroient sans doute les maîtres :
ce sont deux ressorts bien puissans,
que la crainte de la cour et la reconnoissance enthousiaste d'une
nation aussi ardente que la vôtre.
Mais si, tout préjugé de gentil-
hommerie mis à part, les parlemens avoient le bon esprit de ne
se mettre qu'à la tête du tiers-état,
ils donneroient à cet ordre, essen-
tiellement le plus puissant, une
considération dont ils retireroient
le principal avantage, et qui affer-
miroit les droits et la liberté de la
noblesse; car remarquez que cet
ordre ne peut jamais être libre et
puissant dans un pays où le peuple
est sous le joug.

Vous devez être bien content,
monsieur, des efforts que fait milord Stanhope pour nous rendre
nos états-généraux : vous les ai-
mez ; je vous ai souvent entendu
parler de ceux que nous avions autrefois ; vous les regrettez, et c'est

2.   H

la partie de notre histoire que vous avez étudiée avec le plus de soin. Pour moi, sans oser encore me livrer à l'espérance, je me borne à juger de ce que le parlement devroit faire pour rétablir notre ancienne liberté. Si je n'étois pas persuadé de l'énorme corruption de nos mœurs, du pouvoir du gouvernement malgré sa foiblesse, et de l'ignorance du public dans ce qui regarde l'administration politique, je serois étonné qu'ayant entre les mains un moyen si simple et si efficace, d'arrêter les progrès du despotisme et de remonter l'ame de notre nation , aucun de nos magistrats n'ait encore songé à en faire usage.

Quand je vis que milord entamoit cette grande question , je ne pus m'empêcher de l'arrêter. Nous allons bâtir sur le sable. Que nous importe, lui dis-je, de raisonner sur des états-généraux que nous n'aurons point ? Voyons, milord;

peut-être trouverez-vous quelque autre moyen de nous les rendre. Je ne puis prendre confiance.... Non, me répondit-il vivement : je vous ai tout dit; tout le reste ne me paroît que des chimères qui ne vous satisferoient pas. Je crois bien, ajouta-t-il, que votre parlement ne profitera pas de cette bouffée de puissance pour exécuter ce que vous et moi nous desirons : mais en se voyant décheoir du point où il est, il ne manquera pas de réfléchir sur la fragilité de sa fortune, et il sentira la nécessité de rendre la nation libre, s'il ne veut pas être toujours sous le fouet du despotisme. Quoi qu'il en soit, avant que d'avoir des états-généraux, il est bon de savoir ce qu'ils doivent être, si on veut qu'ils soient utiles quand on les aura.

Je me rappelai les mauvais propos qui sont dans la bouche de tout le monde dès qu'on parle des états.

A quoi sont-ils bons, dis-je à mi-lord ? nous en avons eu, quel bien produiront-ils encore ? Nous n'avons pas assez de tenue, de constance, de fermeté, en un mot assez de caractère pour les rendre utiles; et dès qu'ils ne font pas un grand bien, ils causent un grand mal. Les députés des trois ordres seront corrompus, lâches et sots; et de tous ces personnages, il se formera une cohue où le sens commun ne pénétrera jamais. Nous sommes malheureux de la façon de trois ou quatre secrétaires d'état; cela est bien suffisant : faut-il que nous ayons à gémir des sottises de six cents députés dont nous serons les dupes et les victimes ?

Voilà, si je ne me trompe, monsieur, les grandes objections dont vous avec eu cent fois les oreilles battues : j'eus le courage de les proposer à milord : mais ce n'est pas sérieusement , m'a-t-il dit après m'avoir écouté jusqu'au bout, que vous me tenez de pareils propos ? Il est vrai, lui répondis-je en riant, que je me défie un peu de la force de ces raisonnemens ; ce n'est pas ma faute si tout Paris ne pense et ne dit rien de meilleur. Il est plaisant, reprit-il, qu'on ne veuille pas avoir de bons états, parce qu'on n'en a eu autrefois que de mauvais ! Il n'est point du tout prouvé qu'ils fassent de grands maux, quand ils n'opèrent pas de grands biens : on prend pour un mal produit par ces assemblées, celui qu'elles ne peuvent pas empêcher, lorsquelles se tiennent sans règle, sans forme et sans police. J'aimerois autant dire qu'un homme d'esprit et d'honneur n'est bon à rien, parce qu'un sot fripon est incapable de tout. La logique de Paris est admirable !

Je veux croire, poursuivit milord, car nous parlons entre nous sans flatterie, que vous n'avez pas actuellement toutes les qualités propres à rendre vos états aussi utiles qu'ils pourroient l'être; mais plus vous différerez de les établir, plus vous vous trouverez frivoles ou aimables, indifférens pour le bien et remplis de préjugés ; peut-être même arrivera-t-il, un moment, qu'abasourdis par la crainte vous n'aurez plus le courage d'être légers et badins. N'accusez pas la nature de vous avoir formés d'un limon moins cohérent dans ses parties que les autres hommes. Comment une nation qui obéit à un gouvernement sans principes, s'accoutumeroit-elle à avoir un caractère ? A force de voir des inconséquences et de vous plier à tous les caprices de vos princes, de leurs maîtresses et de leurs ministres, il faut bien qu'avec souplesse vous soyez tout et que vous ne soyez rien. Un peuple ne s'oc-

cupant pas d'affaires publiques est
réduit à être simple spectateur; il
faut bien qu'il amuse son oisiveté
par des misères et des galanteries
qui rapetissent l'esprit et le cœur.
Formez d'abord une cohue, et je
vous réponds que le sens commun
y pénétrera, et que cinq ou six
cents députés feront moins de sottises que vos trois ou quatre secrétaires d'état et leurs bureaux.

Milord, repris-je, je suis tenté
de vous croire; j'entrevois vos raisons : l'amour de la patrie et de la
liberté commence à murmurer dans
notre cœur; je comprends que nos
députés auront plus d'intérêt que
des ministres à faire le bien ; cependant je vous prie de faire attention que votre parlement d'Angleterre se laisse souvent corrompre
par un prince beaucoup moins riche et beaucoup moins puissant
qu'un roi de France : comment
voulez-vous donc que nos états

contrebalancent en naissant la puissance royale ? Croyez - vous qu'un prince qui ne les aura assemblés que malgré lui, manquera de moyens pour en faire une parade ridicule ? Et vous, me répliqua milord avec chaleur, croyez-vous qu'un monarque obligé de céder à la force des circonstances sera bien propre à se faire craindre et respecter, et qu'il remplira les provinces de lettres-de-cachet pour se rendre maître des élections ? Le charme sera détruit, les yeux seront ouverts ; ses créatures le regarderont comme un disgracié, cacheront par prudence leurs anciens sentimens, s'ils les conservent encore. Plus votre despote aura regimbé contre l'éperon, et se sera débattu dans ses harnois, moins il lui restera de moyens pour avilir les états ; et leur zèle pour le bien public croîtra à proportion de la résistance qu'ils auront rencontrée.

Croyez-m'en sur ma parole, ou plutôt croyez-en la marche toujours constante des passions humaines : dès que votre nation aura assez de sagesse pour demander la tenue des états-généraux, et assez de fermeté pour l'obtenir, elle ne sera point assez imbécille pour se contenter d'une vaine représentation ; les contraires ne s'allient point. Aujourd'hui qu'on ne croupit point dans une ignorance monstrueuse, qu'on a la méthode d'étudier et de raisonner, qu'on connoît les sources où il faut puiser les vérités historiques et politiques, mille brochures paroîtront sur-le-champ pour instruire le public de ses intérêts.

On recherchera quelles ont été les fautes de vos anciens états ; on examinera quelle a été leur forme et leur police ; on étudiera les causes générales et particulières de leur décadence et de l'oubli entier dans lequel ils sont enfin tombés. Les marins ont des cartes qui sont du plus grand secours pour la navigation ; vous vous ferez, si je puis parler ainsi, des cartes politiques qui marqueront avec précision les écueils, les bancs de sable, les courans, les côtes saines ou mal-saines, les ports, etc. L'histoire étrangère vous fournira des lumières ; vous pouvez profiter de la sagesse et de l'imprudence même de vos voisins : les Suédois, vos anciens amis, vous offriront leur exemple. Si, souvent notre parlement d'Angleterre ne peut résister au roi et à ses ministres corrupteurs, n'en concluez rien contre vos états naissans. Nous nous trouvons au moment de la décadence, pour n'avoir pas pris les mesures nécessaires pour conserver notre liberté : je ne sais quelle malheureuse impulsion nous précipite à l'avilissement ; une impulsion coutraire portera vos états au bien ; ils auront l'ardeur de la jeunesse ; et notre parlement a la pesanteur de la décrépitude.

Vous craignez que vos états ne fussent trop mous, et moi je craindrois qu'ils ne fussent trop vifs : j'ai peur que vous mettant une fois en train de réformer les abus, vous ne voulussiez devenir tout d'un coup des gens parfaits : il y a cependant une route dont vos états naissans ne pourroient s'écarter sans un extrême péril ; ils doivent se comporter avec une extrême circonspection : ils devroient faire semblant de ne pas voir tous les abus ; ils devroient les traiter avec la plus grande indulgence. Voyez avec quelle adresse un précepteur s'y prend pour réparer dans un enfant les commencemens d'une mauvaise éducation ; il tolère pour acquérir de l'empire. Plus les vices sont grand et répandus, moins il faudroit les attaquer de front ; car tous les mal-honnêtes gens qui en profitent ne manqueroient pas de se révolter à la fois : ils se li-gueroient ; ils calomnieroient les bons citoyens ; et parviendroient sans doute par leurs intrigues et leurs mensonges à empêcher des opérations sages, mais prématu-rées, et à décrier leurs auteurs.

Voici, monsieur, la marche que milord Stanhope proposeroit à nos états : avant que de vouloir agir, il faut, dit-il, exister et assurer son existence ; ainsi, les états doivent nécessairement ne se point séparer sans avoir fait publier une loi fon-damentale, une *pragmatique sanc-tion*, par laquelle il sera ordonné que tous les deux ou trois ans les représentans de la nation chargés de ses pouvoirs seront assemblés, sans qu'aucune raison puisse y mettre obstacle, et sans avoir be-soin d'être convoqués par un acte particulier. En tel temps fixe et marqué, chaque province choisira ses députés, qui se rendront à Paris pour ouvrir les états un certain jour déterminé : les états ne pourront être cassés, dissous, séparés, prorogés ni interrompus dans l'exercice de leurs délibérations ; et en se séparant, ils seront libres d'indiquer une assemblée extraordinaire et de s'ajourner suivant que les circonstances pourront le demander.

D'abord on fera des règlemens pour établir la forme, l'ordre et la police des assemblées, les priviléges des députés, qui ne seront justiciables que des états, et pour assurer la liberté dans leurs élections. Mais ce n'est pas assez que d'éviter une confusion anarchique. Les états auront des ennemis puissans ; ils doivent donc travailler à se faire des amis considérables. Point de zèle indiscret : c'est tou-

jours le refrain de milord. La vanité et l'avarice sont aujourd'hui
les deux mobiles de toutes nos ac-
tions ; il faut donc prendre garde
d'effaroucher ces deux passions :
elles sont implacables. Loin d'exiger que les grands renoncent à
des prérogatives qui peuvent être
à charge à la nation ; il faut au
contraire faire espérer des distinctions plus flatteuses , et une
grandeur plus réelle. Que chaque
citoyen sur-tout , soit sûr de sa
fortune ; et qu'on n'alarme point,
par une économie mal-entendue,
les créanciers de l'état. Dans le
temps qu'on n'a encore que des
hommes communs, il ne faut pas
être assez fou pour exiger de l'héroïsme. Nous avons eu des rois
despotiques ; il est juste de faire
encore pénitence, pendant quelque temps, de cette folie. Les
états pleins d'égards pour les seigneurs et la noblesse , doivent

donc se charger de toutes les dettes de la couronne : il faut guérir
l'état, mais par un régime doux ;
et ne pas oublier que c'est un ma-
lade affoibli par de longues mala-
dies , que son tempérament est
dégradé, que sa convalescence
doit être lente, et qu'en la hâtant
par des remedes violens, on cour-
roit risque de la retarder.

Ce n'est pas tout, monsieur; milord veut que les états, avant que
de se séparer, s'ajournent pour
l'année suivante: et supplient le
roi de trouver bon que depuis leur
première assemblée jusqu'à la seconde, ils établissent dans la capitale et dans quelques provinces,
différens bureaux de leurs commissaires. Ces espèces de tribu-
naux, soumis à la seule jurisdic-
tion des états, s'appliqueront prin-
cipalement à connoître les abus qui
se sont introduits dans toutes les
branches de l'administration, et

les plaintes légitimes que les corps
et communautés pourront faire.
Conférant sur les maux de la nation et les moyens les plus propres
à y remédier, ils prépareront les
matières sur lesquelles les états
prochains délibéreront. Ce sera là
un point de ralliement pour tous
les bons citoyens, et un épouvan-
tail pour les intrigans et les mal-
intentionnés. L'amour de la liberté
et le respect pour les lois, pren-
dront ensemble de nouvelles forces, si ces commissaires sont spécialement chargés d'établir dans
chaque province des états particuliers , qui s'assembleront tous
les ans, pour travailler à leurs affaires particulières , et dont les
délégués formeront l'assemblée des
états-généraux.

Vous voyez , monsieur , qu'il
s'établira insensiblement des usages contraires à ceux que nous
avons aujourd'hui. L'autorité roya-

le s'est formée peu-à-peu ; celle des états-généraux fera les mêmes progrès, et les fera plus rapidement, quoique sans violence. Quelles que soient d'abord les fautes des représentans de la nation, ils les répareront, pourvu qu'ils aient la prudence d'assurer leur existence. La liberté produit le patriotisme ; et l'amour de la patrie ne s'allie jamais pour long-temps avec l'ignorance et la stupidité. Pourquoi se donneroit-on aujourd'hui la peine de valoir quelque chose ? Nos mœurs, nos lumières, nos talens, dépendent des circonstances où nous nous trouvons. Le pouvoir arbitraire encourage les sots et les fripons ; et il est si commode de faire fortune sans penser et sans faire le bien ! Que la scène change : et nous aurons, sans efforts, de l'esprit et de la probité ; ou l'effort que nous ferons nous deviendra agréable.

En supposant que le parlement veuille bien connoître ses intérêts et remplir ses devoirs à l'égard de la nation, nous voilà parvenus, par l'établissement des états-généraux, à être plus libres que ne le sont aujourd'hui les Anglois. Ce moment arrivera-t-il ? Milord l'espère; pour moi, je vous l'avoue, je n'ose avoir la même confiance. Quoi qu'il en soit, il m'apprendra demain par quel art un état libre peut et doit conserver sa liberté. Si ces leçons doivent être éternellement inutiles pour nous, elles serviront peut-être à d'autres peuples. Adieu, monsieur : je vous embrasse de tout mon cœur.

A Marly, ce 18 août 1758.

LETTRE SEPTIÈME.

Cinquième Entretien. Eclaircisse-
ment sur l'entretien précédent.
Moyens pour affermir la liberté.
De la puissance législative. Du
partage de la puissance exécu-
trice en différentes branches.

LA conversation dont je finis
hier, monsieur, de vous rendre
compte, produisit un effet singu-
lier sur moi. Je ne voyois alors
qu'à moitié, et pour ainsi dire à
travers un brouillard, les objets
que milord m'avoit présentés.
Etrange pouvoir de l'habitude et
de nos préjugés ! Notre raison,
pour goûter la vérité, a besoin de
se familiariser avec elle. Tantôt je

doutois de ce qui m'avoit paru le plus évident dans notre dernier entretien ; j'accusois milord de m'avoir fait illusion par son éloquence, l'abondance de ses idées, et la rapidité avec laquelle il me les avoit présentées ; je n'opposois aucune difficulté, aucune réponse précise à ses raisonnemens ; mais il me sembloit en présenter mille. Tantôt impatient de ne plus voir que les lois au-dessus de moi, mon imagination vouloit deviner ce que milord devoit m'apprendre. Toutes les difficultés disparoissoient, tout s'applanissoit, tout devenoit aisé, je me créois conseiller au parlement, je montois sur les fleurs-de-lis, je parlois de l'amour de la liberté sur le ton de Démosthène : ces beaux momens ne duroient pas ; las de haranguer une auguste assemblée de sourds, je descendois tout honteux de mon tribunal ; mais je ne me défaisois pas aussi facilement des idées de réforme qui m'occupoient, que de ma magistrature.

Entraîné et combattu à la fois par l'espérance et par la crainte, à peine avois-je imaginé quelqu'établissement favorable à la liberté et au pouvoir que je voulois donner à nos états-généraux , que je me trouvois assiégé par une foule innombrable d'obstacles et de difficultés. Je ne savois comment faire face aux préjugés et aux passions de la noblesse, du clergé et du peuple ; il m'étoit impossible de soutenir l'effort de tant d'ennemis qui déconcertoient mon patriotisme et ma politique. Je m'avouois vaincu , et pour consoler mon amour-propre dans ma défaite, je me rappelois ce que tant de politiques ont dit, que la liberté est perdue sans retour, quand , en la perdant, un peuple a en même temps perdu ses mœurs.

Il n'est pas possible, me disois-je, que milord ne se trompe; il ne nous connoît pas bien ; voyez comme il est prévenu en faveur de nos gens de lois : il nous fait trop d'honneur. Quand les parlemens réunis pourroient se résoudre à demander les états - généraux ; quand ces états seroient assemblés, quel en seroit le fruit ? La montagne en travail enfanteroit une souris. Ce doux nom de liberté n'a jamais chatouillé agréablement notre oreille. Comment parvenir à faire connoître le prix de la liberté à des grands qui se sont prostitués, et qui se vendent tous les jours à la faveur ? Ils se sont fait des besoins de mille misères dont ils devroient rougir, et dont leur ame dégradée se glorifie. Les vices qui sembleroient ne devoir être que le partage de nos valets, ont infecté la cour. Jetez les yeux sur le clergé; jugez, et espérez si vous l'osez! Quelques-uns de nos magistrats

sont encore dignes d'être les orga-
nes des lois; mais à quoi vous servent les Catons dans la lie de Ro-
mulus ? Ils sont entourés d'hommes ou corrompus, ou timides,
ignorans, jansénistes, molinistes,
fanatiques, quelquefois irréligieux
et indifférens sur le bien public.
Voyez Paris : le bourgeois, lassé
de son oisiveté, et occupé de ses
seuls plaisirs, y copie ridiculement
les vices des courtisans; ce torrent
a déjà inondé et dévasté nos provinces.

Milord, lui dis-je en commençant notre promenade, vous m'a-
vez fait passer la plus mauvaise
nuit du monde : j'ai voulu arranger
nos états; je me suis tracassé pour
affermir notre prétendue liberté,
qui vraisemblablement, ne sera
jamais établie; et je n'ai point
dormi. Mais je m'en venge, et je
me suis levé, en ne croyant pas
un mot de tout ce que vous me

dites hier. Voici mes raisons. Il faut avoir de bonnes mœurs pour recouvrer la liberté, puisqu'on ne peut même, sans leur secours, la conserver ; les nôtres sont mauvaises ; ainsi cette liberté dont vous m'avez flatté, n'est, et ne peut être qu'une belle chimère pour nous ; qu'avez-vous donc à me répondre ? Que j'ai déjà répondu à cette difficulté, me dit-il en riant ; et c'est parce que je sais très-bien que vous ne valez pas grand-chose, que je vous ai tant répété que vos états, en essayant de vous rendre libres, ne sauroient d'abord se conduire avec trop de circonspection et de ménagement.

Vraiment, ajouta-t-il, si vous étiez de ces braves gens sans luxe, sans avarice, sans mollesse, que le mot de pouvoir arbitraire fait frémir, je vous parlerois un tout autre langage. Je n'ignore pas que l'amour de l'argent est l'ame de tou-

tes.

tes vos pensées et que vous recher-
chez les honneurs en vous couvrant
d'ignominie; aussi proportionne-je
mes remedes à votre tempérament.
C'est parce que toute idée d'égalité
vous choque, que vous êtes accoutu-
més avec les abus du despotisme,
jusqu'à trouver les *lettres-de-cachet*
une assez bonne institution; que
tous les ordres de l'état sont divi-
sés par des rivalités ridicules et se
méprisent mutuellement; que vos
hommes formés par des femmes
galantes ne sont en vérité que des
femmelettes; c'est en un mot, par
ce que vous n'êtes pas à même d'être
libres, que je veux que vous le de-
veniez peu-à-peu; et que vous
n'aspiriez pas d'abord à un gouvernement trop parfait.

Quand un roi poursuivra l'ordre
n'abusera pas scandaleusement de
son pouvoir; que ses maîtresses ne
seront qu'impertinentes; que ses
ministres, ni trop sots, ni trop bien

2, K

chans, laisseront aller les choses
leur train ordinaire; je conviens
que vous n'avez pas assez de vertus, pour désirer quelque chose de
mieux. Un homme sage vous pré-
senteroit alors, sans succès, le
danger d'une situation précaire où
rien n'est fixe. On vous inviteroit
en vain à donner un appui solide
aux loix que serviroit de vous entretenir de ces devoirs du citoyen
dont nous avons tant parlé? Vous
en ririez, je crois, Dieu me le par-
donne, que si on vous offroit alors
la liberté, vous la refuseriez; mais
s'il arrivoit un règne où tout allât
de travers, où chacun tremblât
pour sa fortune domestique, où la
nation fut plus malheureuse au-
dedans qu'à son ordinaire, et dé-
shonorée au dehors; je vous demande si vos aînés sont tellement
abruties et dépravées, que vous
fussiez insensibles à cette situation.
Si cela est, vous avez raison, vous

ressemblez à ces Romains, à qui
Marc-Aurèle tentoit inutilement
de rendre quelque goût pour la liberté ; et je me tais. Mais ne vous
livrez pas à l'humeur ; voyez vos
concitoyens tels qu'ils sont, et con-
venez que depuis quelques années
vous êtes indignés contre le despotisme ; que vous désirez d'en voir
fuir les abus ; et que, dans la fermentation où sont les esprits, vous
tenez aujourd'hui, et assez publiquement, des discours bien plus
hardis que ne l'étoient il y a douze
ans, vos pensées les plus secretes.
Vous avez eu des magistrats très-
courageux ; et le public, qui, autrefois, les auroit crûs imprudens,
les a trouvés sages. J'admire les
progrès de votre nation ; et peut-
être en seriez-vous étonné comme
moi, si vous n'aimiez pas déjà assez la liberté pour désirer qu'on y
marchât à plus grands pas.

Il suffit d'être las de sa situation

2.

pour en désirer une autre ; mais ce désir doit être sans force, tant qu'il n'est accompagné d'aucune espérance ; et le cœur ne s'ouvre pas aisément à cette espérance sous un gouvernement despotique, où le citoyen n'osant se confier à son concitoyen, compare sa foiblesse ou plutôt son néant au pouvoir sans bornes du maître qui le gouverne. N'exigeons pas des miracles de tous les hommes. Il faut que les plaintes circulent sourdement dans tous les ordres d'une nation ; il faut que les passions, tour-à-tour aigries et calmées, préparent pendant long-temps une révolution, pour qu'il arrive enfin un moment propre à l'exécuter.

Remarquez, je vous prie, me dit milord, que la seule proposition que feroit le parlement, de convoquer les états-généraux, augmenteroit nécessairement votre courage, vos lumières, et votre

amour pour l'ordre et le bien ; parce que vous auriez alors un objet
fixe, et que vous pourriez espérer
d'y atteindre. Si vos états, en se
conduisant de la manière que je
vous disois bien, ménageoient les
préjugés publics et les intérêts des
particuliers, et donnoient aux lois
l'autorité qu'ils ôteroient au prince,
vous avouerez que le goût encore
incertain de votre nation pour la
liberté, se changeroit en une passion très-active. Ne comprenez-
vous pas que vos mœurs commen-
ceroient à se corriger malgré vous,
dès que vous sentiriez la nécessité
d'une réforme ? Il n'y a pas jusqu'à cet engouement, auquel vous
êtes si sujets, et qui vous a fait
faire tant de sottises, qui ne vous
fût alors avantageux. Chacun voudroit imiter alors le premier honnête homme qui feroit, par vanité,
une action louable, l'émulation qui
vous rend aujourd'hui si flatteurs,

vous rendroit alors vertueux ; l'in-
constance de votre caractère vous
serviroit elle-même à vous corriger , et vous perdriez votre légé-
reté. Je gage que quelqu'un de vos
millionnaires seroit honteux de sa
fortune, et que quelque grand seigneur donneroit un exemple de générosité. A peine auriez-vous rom-
pu les liens de l'habitude et secoué
votre paresse , qu'un premier pas
vers le bien vous mettroit en état
d'en faire un second , et puis un
troisième , et même un quatrième.
Vous ne verriez plus les objets
comme vous les voyez aujourd'hui ;
vos affections changeroient , et votre courage et vos ressources se
multiplieroient à mesure que le succès étendroit vos lumières et vos
espérances.

Les mœurs des Romains , du
tems de César et de Pompée,
étoient bien détestables ; mais ce
n'est pas parce qu'ils avoient nos

vices, qu'il leur étoit impossible de recouvrer leur liberté; c'est que les bons citoyens, me dit milord en plaisantant, étoient moins prudens que moi. En proposant de rétablir l'ancien gouvernement de la république, Caton vouloit faire franchir aux Romains un trop grand intervalle; il falloit se contenter de quelque chose de moins parfait, et de plus proportionné à la corruption des esprits. Comme on ne déchoit du comble de la vertu dans l'abîme du vice que par degrés, la nature ne permet d'y remonter que pas à pas, et on ne viole jamais impunément ses lois. Observez avec soin qu'il étoit impossible de rendre à la république son ancienne autorité, depuis que les proconsuls qui n'étoient plus sous sa main, et dont la magistrature avoit été imprudemment prolongée, s'en étoient emparés. N'étant plus forcés d'obéir aux décrets du sénat et du peuple, parce qu'ils avoient à leur disposition les armées avec lesquelles ils pouvoient venir, fondre sur Rome et l'asservir; c'étoit allumer la guerre civile et hâter l'établissement de la tyrannie, que de les irriter et les traiter en sujets.

Il est vrai que l'énorme cupidité des Romains, leur luxe, leur mollesse, leur mépris pour toutes les vertus, furent autant d'obstacles insurmontables au retour de la liberté : mais ne vous flattez pas d'être aussi méchans qu'eux; il faut avoir été capable des vertus les plus sublimes, pour être corrompu comme le furent les Romains. D'ailleurs, tous ces Romains desiroient la ruine entière des lois, les uns pour être des tyrans et jouir de la fortune du monde entier, les autres pour vendre à ces tyrans une liberté dont ils étoient las. Que pouvoit-on alors

espérer pour le bien public ? Mais
cette situation n'a rien de pareil à la
vôtre, puisque dans la refonte du
gouvernement, dont il s'agit parmi
vous, nous supposons, au contraire, que c'est la crainte de la tyrannie, et l'amour de l'ordre, qui demandent et obtiennent la tenue des
états généraux. C'est l'anarchie
qui donnoit de mauvaises mœurs
aux Romains ; c'est le despotisme
qui vous a donné les vôtres. Si
ce despotisme a été aussi excessif
dans son genre, que l'anarchie de
Rome l'a été dans le sien, c'en est
fait, renoncez pour toujours à toute
idée de liberté ; vous n'êtes que des
esclaves qui ne romprout jamais
leur chaîne.

Il n'est donc pas démontré, monsieur, que notre liberté soit perdue sans retour. J'aurois voulu
beaucoup de détails sur les premières opérations de nos états, et
milord ne veut m'en donner aucun.

j'entre dans ses raisons. Ce seroit
raisonner en l'air, que de pres-
crire des règles particulières de
conduite à ces assemblées, sans
savoir quel événement les fera convoquer, et quel sera, dans ce moment, la disposition des esprits. Ce
qui seroit bon dans une circonstance, deviendroit mauvais dans
l'autre. Comment deviner tout ce
que peuvent produire de bizarre
les préjugés et les passions de tous
les ordres de la nation ? Comment
prévoir mille accidens particuliers
qui peuvent hâter ou retarder le
succès d'une pareille entreprise ?
Dans le cours des grandes affaires,
il arrive toujours des mouvemens
inattendus ; il y a des momens de
chaleur et de vertige dont les personnes éclairées ne sont jamais dupes, et les bons patriotes doivent
alors tâcher de calmer les esprits :
il y a des instans de découragement et de lassitude où les chefs

doivent paroître téméraires pour
faire réussir une confiance raisonnable, dans l'une et dans l'autre circonstance; il faut connoître
le cœur humain et la nation qui
agit.

Tout ce qu'en gros on peut pres-
crire de plus sage à nos états à venir, c'est de se proposer un objet
fixe et déterminé, et de ne la jamais perdre de vue. Cet objet doit
être d'assurer leur existence; tout
doit être sacrifié à cette fin. Tout
ordre de l'état fera une faute énorme s'il ne fait pas céder son intérêt
particulier à cet intérêt général. Si
la nation ne réussit pas à s'assembler périodiquement, après avoir
forcé le gouvernement à lui accor-
der des états, soyons sûrs qu'elle
est perdue; car on travaillera avec
d'autant plus d'adresse à la ruiner,
qu'elle se sera fait craindre. Que
nos neveux ne soient donc plus les
dupes des soupçons ridicules et

des jalousies que les ministres sè-
meront entre les différens ordres
pour les diviser et les faire échouer
dans leur entreprise. Qu'on souffre
un mal présent, dans l'espérance
d'un grand bien: dans un état libre,
tous les corps prennent insensiblement leur niveau.

Avec la méthode de se proposer
un objet fixe, on ne s'égare jamais;
ou, si on s'égare, on revient sur
ses pas, et on rentre sans peine
dans la route qu'on avoit abandon-
née. Tant qu'on a les yeux arrêtés
sur le point essentiel de son entreprise, on néglige sans danger les petites difficultés auxquelles il seroit
quelquefois dangereux de trop faire
attention; on peut faire quelques
fautes impunément; si on perd aujourd'hui du terrain, on le rega-
gnera demain. Tant qu'on n'a au
contraire que des projets vagues,
et qu'on confond, dans les affaires,
l'accessoire et le principal, on dé-

pend trop des événemens, on néglige les choses décisives : et après
deux ou trois méprises de cette nature, on ne sait ni où l'on va, ni où
l'on est, ni ce qu'on veut, ni même
ce qu'on doit vouloir.

Vos états, me dit milord, se
trouveront-ils dans des circonstances assez heureuses pour se saisir
de toute la puissance législative ?
Dans ce cas, il n'est question que
de prendre des mesures assez sages,
pour que le prince et les autres magistrats qui seront chargés de la
puissance exécutrice, ne puissent
dérober une seconde fois à la nation le droit qu'elle aura recouvré.
Mais comme il est plus vraisemblable que vos états-généraux, malgré leurs bonnes intentions, n'auront pas un avantage complet ; et
que ne prenant qu'une partie de la
puissance législative, ils ressem-
bleront à notre parlement d'Angleterre, qui ne fait des lois qu'avec

le concours du roi ; il faudroit d'a-
bord vous préserver de croire que
votre gouvernement fût parfait,
et qu'il ne vous reste plus rien à
faire.

Avec l'esprit de philosophie
dont nous nous piquions, et dont on
nous loue trop libéralement, continua milord, il n'est pas bien extraordinaire que nous ne sentions
pas que ce partage du pouvoir législatif, qui nous laisse en effet libres, parce que le roi ne peut faire
aucune loi sans le parlement, nous
empêche cependant de jouir des
principaux avantages de la liberté.
Ce partage donne à la cour des intérêts opposés à ceux du public :
la difficulté de les concilier, fait
que nous manquons de plusieurs
lois nécessaires ; et de là vient cette
police défectueuse qu'on nous re-
proche. C'est un principe incontestable, que les magistrats chargés
de la puissance exécutrice, ne doi-

vent avoir aucune part à la puissance législative ? en effet, qui ne
voit pas que le droit qu'ont les lois
d'Angleterre de contribuer à la législation, les met à leur aise pour
frauder la loi, et augmenter indi-
rectement la part qu'ils ont à la
puissance législative ? De là nos
craintes continuelles, que l'équilibre que nous avons établi entre la
nation et le prince, ne vienne à se
rompre. De là mille injustices sour-
des et cachées qui font mille malheureux ; et cette obscurité funeste,
que les jurisconsultes répandent
sur les lois, dans la vue d'en rendre l'esprit équivoque et l'emploi
incertain. De là est né dans le conseil du roi, cet art dangereux de
nous corrompre, et avec lequel on
mine insensiblement les fondemens
de notre liberté. De là la nécessité
où nous sommes d'avoir des partis
qui, en veillant continuellement à
la sûreté publique, ne laissent pas

quelquefois d'être injustes et pernicieux. Jugez donc quelle seroit la
faute de vos états, me dit milord
en me serrant la main, si, parve-
nant dès leur naissance à partager
l'autorité législative avec le roi, ils
se contentoient de ce partage ! soyez plus sages que nous ; qu'un faux
amour de la patrie, qui nous fait
voir avec complaisance nos défauts,
ne soit pas un obstacle à vos progrès.

Milord m'a fait remarquer, monsieur, qu'il n'est pas difficile à une
république qui est, pour ainsi dire,
toute renfermée dans les murs
d'une ville, de conserver au corps
du peuple la puissance législative,
et de forcer les magistrats à n'être
que les ministres des lois. Il est,
en effet, aisé d'y convoquer souvent
tous les chefs de famille ; et leur
assemblée, en quelque sorte toujours présente, y prévient toute
usurpation, ou l'arrête dans sa

naissance : mais si ces assemblées fréquentes, et la sorte d'inquiétude qu'elles inspirent, assurent au peuple le droit de faire des lois, elles détruisent ordinairement la puissance exécutrice. Il est presque impossible que des citoyens, trop souvent réunis dans la place publique, laissent au magistrat l'autorité qui lui est nécessaire, pour faire observer les lois au-dedans, et traiter avec les étrangers. Rappelez-vous, monsieur, quelle étoit la licence de la multitude dans Athènes, et dans toutes les autres républiques de la Grèce, à l'exception de Lacédémone. Le peuple n'étoit point exposé au malheur d'obéir à des lois qu'il n'auroit pas faites ; mais en évitant Charybde, il tomboit en Scylla ; il obéissoit à tous les caprices et aux passions des intrigans qui avoient l'art de gagner sa confiance. Les magistrats, toujours humiliés par la nation, n'avoient qu'un vain nom, et une autorité douteuse. Ils n'osoient défendre les lois qu'en tremblant, et la république ne subsistoit et ne se soutenoit que par des révolutions.

Dans des états tels que ceux de l'Europe, et qui ne forment qu'un corps de plusieurs grandes provinces, mille obstacles empêchent qu'on n'assemble tous les citoyens, et même qu'on n'en convoque trop souvent les représentans. De là il résulte un inconvénient contraire à celui que je viens de remarquer dans les petites républiques ; c'est-à-dire que la puissance exécutrice qui n'est pas continuellement examinée et censurée, est à portée de faire des progrès insensibles, d'abuser des lois à son avantage et de ruiner enfin la puissance législative.

Pour procurer à une nation nombreuse une sécurité parfaite à l'égard de ses magistrats, milord vout,

monsieur, que les assemblées générales soient assez fréquentes
pour que les abus n'aient jamais le
temps de s'accréditer par l'habitude, et de prendre des forces. Si
les états-généraux d'une grande nation étoient convoqués tous les ans,
il seroit à craindre que les frais de
voyages et du séjour des députés
dans la capitale ne fussent à charge
aux provinces, qui regardant enfin
l'assemblée des états comme une
corvée fatigante et dispendieuse,
ne demanderoient qu'à s'en débar-
rasser. Leurs députés se hâteroient
de terminer les affaires sans se
donner le temps de les examiner ;
et laissant à la prudence équivoque
et suspecte des magistrats, un pouvoir trop arbitraire et trop étendu ;
on obéiroit à la forme prescrite par
la loi, mais on en violeroit l'esprit.
Que ces assemblées générales se
tiennent au plus tard tous les trois
ans ; mais que chaque province ait

des états particuliers qui soient annuels, et qui se tiennent, s'ils se
peut, dans des temps différens, afin
que la puissance exécutive soit sans
cesse soumise à l'examen d'un corps
puissant et prêt à répandre l'alarme.

Les états provinciaux nomme-
ront eux-mêmes leurs députés aux
états-généraux. Que de biens naî-
tront de là ! les élections seront plus
libres, et les choix de la nation
plus sages. Le nombre des députés
ne doit être ni assez grand, ni assez petit pour dégénérer en *cohue*
ou en *oligarchie*. Voulez-vous affermir solidement l'autorité des assemblées générales, d'où dépend
votre liberté ? rendez-les dignes de
l'estime, de la confiance et du respect de la nation, en les mettant
dans l'heureuse nécessité de ne pouvoir presque faire de faute. Que ce
que vous appelez représentation,
et qui est presque aujourd'hui toute la science et le talent des gens en

place , soit sévérement défendu à
vos députés ; qu'ils ne puissent ,
sous aucun prétexte , se dispenser
de leurs fonctions ; que leur charge
soit honorable , mais pesante. Fixez
par des lois simples et claires la
forme et la police de vos états-généraux ; ne négligez pas d'entrer
dans les plus petits détails, ou vous
vous exposerez à n'avoir bientôt
aucune exactitude dans les grandes
choses. Sur-tout que ces assemblées
ne puissent porter de nouvelles
lois que sur la demande ou réqui-
sition de quelqu'un des états provinciaux, ou des magistrats chargés de la puissance exécutrice. Afin
que ces lois ne soient jamais l'ouvrage de l'inconsidération ou de
l'engouement, il sera réglé que les
bills proposés seront d'abord remis
à un *comité* de législation chargé
d'en faire l'examen et le rapport.
Les états délibéreront ensuite trois
fois sur ces lois , en laissant dix

jours d'intervalle entre chaque dé-
libération. Je passe avec milord à
des objets, je ne dis pas plus importans, mais moins connus ; il
s'agit de résoudre le problème de
politique le plus difficile.

La société, me dit milord, a différens besoins ; il faut juger les querelles et les procès des citoyens, et
veiller aux mœurs et à la sûreté
publique. Un état doit avoir des
fonds destinés pour les besoins publics, et c'est sur les biens des particuliers que doivent se lever les impôts nécessaires pour former ces
fonds. Enfin on a des voisins avec
qui on est lié par différentes rela-
tions : il importe d'attacher les uns
a ses intérêts en cultivant leur
amitié, et il faut repousser les autres par la force, s'ils sont incom-
modes , injustes et ravisseurs ; il
est donc nécessaire d'entretenir
des négociations et d'avoir des armées. Si on ne veut pas former un

corps monstrueux, une espèce d'avorton politique, il est évident qu'on ne peut se dispenser d'établir des magistrats, ou des ministres de la nation relativement à tous ces différens besoins ; et c'est dans la distribution de ce pouvoir exécutif que consiste la plus grande habileté de la politique. Que je réunisse, me dit milord, dans un même magistrat, toutes ces différentes branches d'administration, (et il est de la dernière évidence que je fais une sottise énorme ; car il est de la dernière évidence qu'un homme et même un ange, ne peut remplir un emploi si étendu), il succombera sous le poids du fardeau ; tout ira mal, rien ne sera administré. Mais je suppose que nous ayons trouvé un prodige d'activité, de conception et de travail, qu'en arrivera-t-il ? Cet homme miraculeux deviendra un despote dès qu'il sera magistrat universel.

Vous aurez beau lui crier qu'il est de son devoir d'obéir aux lois ; s'il sent qu'il n'est gêné par l'attention inquiète et jalouse d'aucun collègue, ou qu'il n'a besoin du concours d'aucun magistrat pour agir, l'étendue de son autorité lui tournera infailliblement la tête. Mille sous-ministres qu'il prendra comme ses aides, pour augmenter le nombre de ses créatures, ne songeront qu'à lui plaire ; et tandis qu'il se familiarisera avec l'oisiveté et les plaisirs, ses commis, assurés de sa protection, se serviront de son nom pour tyranniser le peuple, qui sera enfin assez sot pour croire qu'un si grand seigneur n'est pas fait pour se donner de la peine et sacrifier tous ses goûts à la justice.

Je ne crois pas même qu'une pareille magistrature, ne fût-elle conférée que pour quelques années, se contînt dans les bornes

(283)

du devoir. Ce magistrat universel, qui auroit des créatures sans nombre, et dont tous les citoyens auroient continuellement besoin, profiteroit d'un premier vertige qu'un succès heureux causeroit dans le peuple, pour se faire continuer dans ses fonctions ; et à peine jouiroit-il d'une puissance à vie, qu'elle deviendroit héréditaire dans sa famille. Son fils fera semblant de respecter les lois en les violant avec adresse. Mais son petit-fils les fera taire devant lui ; il dira hardiment qu'il ne doit rien à ses sujets, et qu'il tient son pouvoir de Dieu seul. Arrachant alors sans effort à la nation la puissance législative qu'elle s'étoit réservée, il la mettra dans la dure nécessité d'être esclave ou de reconquérir par la force sa liberté expirante.

Que doit donc faire une nation sage et prévoyante ? C'est d'avoir plusieurs classes de magistrats,

comme elle a plusieurs classes de
besoins. Elle fera, pour conserver
sa liberté, ce que nous voyons
pratiquer par les despotes habiles
pour affermir leur tyrannie. Un
monarque sait que s'il avoit un
maire du palais, il auroit bientôt
un maître. Il dépose donc son autorité en différentes mains; il la
partage; aucun de ses officiers n'en
possède une assez grande partie,
pour oser tenter de la tourner contre la souveraine, et tout lui est
soumis.

Nos parlemens, suivant cette
doctrine de milord, doivent être
souverains dans l'administration
de la justice; ce ne seroit que par
la politique du monde la plus mal-
entendue, qu'on voudroit restreindre leur pouvoir; toutes les causes, de quelque nature qu'elles
soient, doivent ressortir à leur tribunal. Que leur compétence s'é-
tende sur tout, et que les autres

cours soient détruites et leurs officiers remboursés ; qu'on établisse
des règles certaines ; que chaque
citoyen connoisse son siege. En effet, n'est-il pas souverainement ridicule qu'il faille d'abord avoir un
procès pour savoir seulement où
l'on plaidera ?

Milord, comme vous jugez bien,
ne fait pas grace à cette jurisdic-
tion que le conseil s'est attribuée,
et en vertu de laquelle il casse les
arrêts des parlemens. (Je n'ai aucun regret aux évocations imagi-
nées pour favoriser les injustices
des personnes puissantes ; je voudrois de tout mon cœur ne plus voir
établir de ces commissions qui dé-
rangent l'ordre naturel de la justice, et enlèvent à un accusé le
droit d'être jugé par les juges ordinaires. Dites-moi, je vous prie,
n'est-ce point des conseillers d'é-
tat et des maîtres des requêtes que
parle Philippe de COMINES, quand

2,
M 2

il dit que Louis XI avoit, dans sa main des magistrats toujours disposés à juger à safantaisie ? Quoiqu'il en soit, j'ai représenté à milord qu'il est nécessaire d'appeler en cassation au conseil, pour maintenir une certaine uniformité dans la jurisprudence, et empêcher que les parlemens ne se fassent une routine de procédures et de jugemens contraires aux lois. J'ai eu beau représenter ; le conseil du roi, m'a toujours répondu milord, n'est composé que d'hommes ; et pourquoi penserois-je que ces juges, un peu gâtés par la fréquentation de la cour, ou du moins un peu suspects par les manières et les propos qu'ils AFFECTENT, et par leur ambition, qui leur offre toujours le ministère en perspective, sont plus instruits des ordonnances, et plus attachés aux règles que les parlemens ? S'il faut enfin un terme aux appels, pourquoi le parlement ne sera-t-il pas ce terme ? Après avoir subi un jugement dans une justice seigneuriale ou dans un bailliage, n'est-ce pas assez faire en faveur du bon droit ou de la chicane, que de permettre de venir encore plaider à un parlement ? S'il faut appeler de tribunal en tribunal jusqu'à ce qu'il y en ait un infaillible, il faudra appeler à l'infini. Pour l'appel en requête civile, le parlement l'admettra lui-même, lorsque la partie condamnée produira de nouvelles pièces et de nouveaux titres qui lui étoient inconnus avant le jugement.

,, Par juges de police, on n'entend guere aujourd'hui que des magistrats subalternes qui veillent à la sûreté publique dans les villes, aux subsistances, à la salubrité de l'air, à la propreté des rues, et qui jugent sommairement les petites querelles du peuple. Il est bon que ces magistrats dont le despotisme et

l'espionnage ont fait des personnages importans, soient réduits à
leurs anciennes fonctions; ils doivent subsister sous la direction des
parlemens. Mais milord voudroit
que nous prissions des idées plus
saines et plus relevées de la police;
il voudroit qu'un peuple, qui commence à être libre, eût des magistrats pour les mœurs, puisque les
mœurs sont si nécessaires pour le
maintien de la liberté. Ces censeurs
aussi utiles dans une république,
qu'ils sont dangereux dans une monarchie, auroient intérêt de faire
le bien pour le bien, et non pas le
mal sous l'apparence du bien. Ils
ne mettroient point en honneur la
délation; ils banniroient cet espio-
nage qui ne sert qu'à avilir toutes
les âmes, en soumettant les honnê-
tes gens à la méchanceté des plus
lâches et des plus abominables des
hommes.

Les censeurs seroient les protec-

teurs des citoyens foibles, qui quelquefois n'osent ou ne peuvent se
plaindre de la tyrannie d'un citoyen riche ou accrédité. Ils seroient chargés en particulier de
l'exécution des lois somptuaires que
pourroient faire les états-généraux
ou provinciaux, pour mettre des
bornes à ce luxe scandaleux qui
nous appauvrit au milieu des plus
grandes richesses, et ne nous laisse
cependant aucune des vertus atta-
chées à la pauvreté. Quelle foule
de calamités, dit milord, l'avarice
et la prodigalité ne préparent-elles
pas à l'Angleterre! Ses richesses la
perdront. Au reste, monsieur, ce
que milord propose ne doit effrayer
personne. Il ne veut point qu'on
nous arrache avec violence à nos
mauvaises mœurs. Il veut nous
laisser nos plaisirs, tant qu'ils nous
seront agréables; mais il prétend
que notre vanité, qui se complaît
aujourd'hui dans une élégance trop

recherchée ; se complaira bientôt dans une simplicité commode. Rien ne me paroît plus raisonnable ; je vois que tout le monde s'ennuie de ce luxe qui nous perd ; tout le monde voudroit que la loi contraignît d'avoir à la fois, et le même jour, la modestie et la tempérance, que personne n'ose avoir le premier.

Les censeurs seroient spécialement chargés de veiller à la police des collèges, formés pour l'éducation des jeunes gens : dans les monarchies, on veut des hommes ignorans et façonnés à la servitude ; et notre éducation est merveilleusement propre à faire de ces automates ; mais dans une nation libre, on veut des citoyens propres à faire des magistrats ; car les républiques ne se flattent pas comme les rois, de donner des talens en donnant la patente d'une dignité. Au lieu de ces préjugés ridicules dont on obscurcit notre raison, et qui nous ju-

terdisent presque toujours la connoissance des vrais principes du
droit naturel et de la morale, les
censeurs auroient soin qu'on imbût
la jeunesse de bonnes maximes,
et qu'elle sût, en entrant dans le
monde, des vérités que nos plus
graves magistrats ignorent aujour-
d'hui, après avoir végété pendant
quarante ans sur les fleurs-de-lys.

Cette magistrature doit être conférée pour un temps très-court,
non pas parce qu'on y attacheroit
une grande autorité, mais parce
qu'elle demande une vigilance con-
tinuelle. Tous les ans les états particuliers de chaque province nom-
meront trois censeurs pour exercer
leurs fonctions dans l'étendue de
leur ressort; et sur leur rapport,
ces états seront plus à portée de juger des besoins du pays, de faire
des réglemens, et du demander aux
états-généraux les loix les plus con-
venables au bien public. Soyez sûr

que ces censeurs seront plus utiles, à mesure que vous aurez l'art de leur donner une plus grande considération.

Nous voici arrivés à la partie de la finance, me dit milord, et vous sentez à merveille qu'en accordant à un magistrat le droit de juger des besoins de la nation, et de lever en conséquence des impôts arbitraires, tout est perdu. Les fantaisies du prince seront bientôt des besoins indispensables; et si vous le trouvez mauvais, il achetera avec votre argent tous les coquins de l'état, en fera des soldats, et vous subjuguera. C'est aux états-généraux seuls qu'appartient l'administration des finances; eux seuls doivent régler et déterminer la somme totale des subsides, en laissant aux états provinciaux le soin de percevoir leur quote-part de la manière la moins onéreuse aux citoyens. Nous autres Anglois nous avons eu

la folle, d'abandonner à la sagesse
du roi le maniement et la disposition des deniers accordés aux né-
cessités publiques. Il est vrai que
nous avons pris quelques précautions pour n'en être pas les dupes,
nous nous faisons rendre des comptes; mais il est encore plus vrai
que nous avons parfaitement réussi à faire du roi un intendant très-
infidèle, qui gagne sur tous les
marchés, qui deviendra un jour
plus riche que la nation, s'il est
économe, et qui corrompt, en attendant, les membres du parlement
et leur distribue quelques centaines
de livres sterling pour en obtenir
des millions, ou leur faire approuver, sans répugnance, les sottises
de ses ministres.

Vos états-généraux seront moins
prodigues que notre parlement
s'ils ont soin de se réserver la direction entière des finances. Ils
avoient autrefois leurs trésoriers,

qui recevoit dans leur caisse tout l'argent des impositions, ne pou-voient en delivrer la moindre som-me que par les ordres des surinten-dans-généraux des aides. Il n'est pas difficile de perfectionner cette méthode; le principe en est excel-lent, et il est indispensable de le suivre, parce que les plus légers abus en matière de finance ou-vrent la porte aux plus grandes dé-prédations, et qu'il en doit naître dans l'état un découragement géné-ral ou des séditions. Pourquoi ne publieroit-on pas tous les deux fois. A la séparation des états, une liste de toutes les charges ordinai-res et extraordinaires de la nation? tant dû au roi et aux autres ma-gistrats pour leurs appointemens; tant pour la paie des milices; tant pour la marine; tant pour les affai-res étrangères; tant pour les arré-rages des dettes de la nation. Je proscris les dépenses secrètes; rien ne doit être secret chez un peuple bien gouverné; et vous remarquerez, en passant, que tous ces mystères d'état n'ont été imaginés que pour couvrir quelqu'infamie ou du moins une sottise.

Chacune de ces branches auroit un trésorier particulier chargé d'acquitter sa partie, et de rendre tous les ans ses comptes au trésorier général, qui leur fourniroit des fonds et répondroit lui - même tous les deux ans des deniers publics devant les états-généraux. Seroit-il question de quelque dépense extraordinaire; de construire, d'armer des vaisseaux, de lever de nouveaux corps de troupes, de payer un subside à quelque puissance étrangère, etc. ? les états pourvoiroient à la levée d'une imposition extraordinaire, et le trésorier paieroit aux termes convenus. La finance n'est en vérité un art difficile, que, quand dégénérant en

2.

N

gaspillage, on la régit sans ordre et sans économie, et qu'on se met dans la nécessité de réparer par des tours d'adresse et des escamoteries, les torts de sa négligence, de sa prodigalité, et d'une ambition ridicule et ruineuse, qui nous fait former des entreprises plus grandes que nos forces.

Le droit de déclarer la guerre, me dit milord, ne doit appartenir qu'à la nation ; c'est une prérogative trop importante au bonheur de l'état, pour l'abandonner à un magistrat. Il en abuseroit certainement s'il avoit de l'ambition, ou qu'il se sentît des talens pour les armes ; et il en laisseroit abuser si c'étoit un homme foible : combien n'a-t-on pas vu de princes poltrons et sots faire la guerre, sans l'aimer, sans y être forcés par leurs ennemis, mais seulement pour plaire à leur maîtresse ou à leurs ministres ? Ce ne doit être que dans le cas d'une invasion subite , ou si le royaume est menacé de la part de quelqu'un dè ses voisins, que le roi, en conséquence d'un conseil tenu avec ses conseillers de négociation et un nombre déterminé d'officiers généraux, pourra faire marcher ses troupes , repousser l'ennemi, ou se disposer à l'arrêter. Alors même il sera obligé de convoquer une assemblée extraordinaire des états.

Il est inutile de vous avertir, monsieur, que milord réduit le roi à n'être en temps de paix que l'inspecteur et le conseur des milices. Les fortifications des places et leurs munitions , appartiendront aux états, etc. Mais il faut que je me hâte de faire réparation d'honneur à l'abbé de Saint-Pierre , dont nous ne faisions pas un éloge bien magnifique, il y a trois jours. Milord adopte volontiers son idée de scrutin, pour la promotion des officiers

tant généraux que subalternes. Les
maréchaux de France, fixés au
nombre de huit, et vraiment officiers de la nation, prêteront ser-
ment aux états, qui, à chaque assemblée ordinaire, en choisiroient
deux pour assister avec quatre lieu-
tenants-généraux aux conseils de
guerre du roi; et deux autres aidés
de quelques officiers généraux,
pour faire l'inspection des troupes,
entretenir la vigueur de la discipline, visiter les frontières, et commander, sous le roi, les armées en
cas de guerre, ou en chef, si la
santé, l'âge ou l'incapacité ne lui
permettoient pas de servir l'état en
personne.

Milord, lui dis-je, vous réduisez
à bien peu de chose la prérogative
royale : le roi n'aura que le titre
vain de général de la nation; et il
me reste un scrupule. Je sens, con-
tinuai-je, combien il importe à la
liberté d'un peuple de restreindre

dans d'étroites limites la puissance de son général d'armée; je sais que toutes les nations ont été subjuguées ou asservies au-dedans par le capitaine qu'elles avoient fait pour les défendre contre les ennemis du dehors : d'un autre côté je vois que ces précautions prises en faveur de la liberté, nuisent au succès de la guerre. Je crains que vous ne nuisiez à la subordination, et par conséquent à la discipline sans laquelle des armées ne protégeront jamais efficacement le bonheur de leur patrie contre les étrangers qui voudroient le troubler. Il me semble qu'il est presqu'impossible de tenir ce juste milieu qui laisse assez de pouvoir au magistrat de la guerre pour la faire heureusement au-dehors, sans qu'il soit cependant assez puissant sur son armée, pour se la rendre propre, et la tourner contre ses citoyens. Voyons, me répliqua mi-

lord : ayant les mêmes craintes que
vous, j'ai cherché à m'assurer de
la fidélité des troupes , en exigeant
qu'elles tinssent leur solde et leurs
appointemens des états ; j'ai établi
le scrutin pour ôter au prince la
nomination des emplois et le moyen
de se faire des créatures, qui se
laisseroient peut-être corrompre
par l'espérance de la faveur, et qui
auroient trop de reconnoissance
pour les grâces qu'ils auroient re-
çues. Les maréchaux, parvenus par
la voie honorable du scrutin à leur
dignité, ne peuvent être suspects à
la nation , qui les nommera pour
assister pendant deux ans au conseil de guerre du prince , ou pour
commander les armées. Quel intérêt auroient-ils de se rendre au roi ?
Ils seront attachés à leurs devoirs
par l'espérance de mériter l'estime
et la faveur du public, et d'être
encore honorés de sa confiance.
Croyez-moi , vous verrez renaître

les consuls romains, que l'espérance de voir porter une seconde
fois les faisceaux devant eux, ren-
doit si sages et si grands.

Ajoutez à tout cela, continua
milord, que je ne laisse au premier
magistrat de la guerre aucune autorité sur les finances. Je lui ôte le
moyen d'acheter des soldats qui lui
appartiennent, et je ne veux pas
qu'il puisse devenir un chef de sé-
ditieux, et les faire révolter contre
la nation. J'ai pris, si je ne me
trompe, assez de précautions contre l'ambition du prince ; j'ai tort
cependant, et il faut recourir à
d'autres expédiens, si ces établissemens nuisent à la subordination,
à la rigidité de la dicipline et au
succès de la guerre. Non-seulement, comme vous l'avez déjà
remarqué, un peuple doit être en
état de repousser des voisins injustes, s'il veut être heureux ; mais
soyez persuadé que si quelque vic-

de sa constitution s'oppose à ses succès militaires, il se dégoûtera bientôt de son gouvernement. Les états sont plus jaloux de leur honneur à la guerre que de tout le reste : une nation humiliée par de longues disgraces, ne songe qu'à se venger ; et pour acquérir un vengeur, elle se donnera un maître.

Je pense avoir prévenu ce dernier inconvénient. Pourquoi le conseil de guerre que j'ai établi , ne vaudroit-il pas un secrétaire d'état d'aujourd'hui, qui n'a souvent été qu'un mauvais intendant de province? Pourquoi ce conseil négligeroit-il de faire observer des lois militaires ? Pourquoi deux maréchaux et quelques officiers-généraux, chargés de la discipline seulement, seroient-ils tentés de se faire réprimander par les états ? D'ailleurs faites attention au scrutin de l'abbé de Saint-Pierre : dès qu'il décidera de l'avancement des

soldats et des officiers, et qu'on ne
devra pas sa fortune à l'avantage
d'appartenir au ministre ou à ses
bureaux, la discipline la plus rigide
se maintiendra à moitié moins de
lois, de réglemens et d'ordonnances, qu'il ne vous en faut aujour-
d'hui pour avoir de fort mauvaises
troupes. Ce n'est qu'en faisant la
guerre, qu'un général doit être
tout-puissant à la tête de son armée. Que la moindre désobéissance
à ses ordres soit un crime ; que ce
ne soit plus un automate ridicule
dont on règle les dispositions et les
mouvemens ; j'y consens ; je le
veux, et le bien public l'exige.
Mais après les arrangemens que
j'ai pris, je ne craindrai plus sa
toute-puissance, à moins qu'avec
le secours de quelque baguette de
fée, il n'ait le secret de bouleverser
toutes les têtes en un moment, de
changer toutes les idées de ses soldats et des citoyens, de détruire

toutes les habitudes, et d'inspirer à son gré les passions qu'il voudra.

Tout ce que j'ôte à la prérogative royale, à l'égard de la guerre, se tourne, ajouta milord, au profit de la noblesse. On ne cherchera plus à l'avilir en la rendant incapable de tout; elle reprendra le courage et la dignité de ses pères; on ne la verra plus valeter dans les antichambres pour y quêter patiemment la justice et des titres inutiles. Les grades militaires seront désormais une véritable décoration, et donneront un pouvoir réel. Je laisse, comme vous voyez, peu de crédit au roi dans cette partie, parce que je lui abandonne une autre branche de l'administration; c'est-à-dire, que je le fais chef du conseil des affaires étrangères, à la charge de le composer de six conseillers ou ministres qu'il ne choisira que parmi les personnes qui auront été employées par les états à des négociations dans le pays étranger. Je réserve aux états-généraux le droit de nommer aux ambassades ordinaires ; et le conseil qui aura le privilége de conclure tous les traités, ne pourra choisir que les envoyés extraordinaires, ou les agens secrets, qu'il faut quelquefois employer. Ce conseil rendra compte de ses opérations et de ses engagemens aux états ; et soit qu'il soit approuvé, soit qu'il soit blâmé, ce sera une leçon également avantageuse pour lui ; il prendra l'esprit de la nation, et la nation aura bientôt un droit des gens dont les principes seront constans et uniformes.

Vous voyez, me dit milórd, que tout tend par mon arrangement, à vous rendre libres sous l'empire et la protection des lois ; et si je ne me trompe, je n'ai rien oublié pour affermir cet heureux gouvernement. Dans un état, que je ferais à ma fantaisie, dans mon île déserte où je menerois des hommes nouveaux, je sens que j'établirois quelque chose de meilleur. Mais je vous dirai aujourd'hui avec bien plus de raison que Solon ne le disoit autrefois aux Athéniens : les lois que je vous propose, ne sont pas les plus parfaites qu'on puisse imaginer, mais vous n'êtes pas capables d'en adopter de plus sages. Plusieurs siècles de barbarie, d'anciens préjugés plus forts que la voix de notre raison, de mauvaises mœurs qui nous tiennent enclins à la servitude, et dont malgré tous nos efforts nous conserverons toujours quelques restes ; voilà les obstacles dont la politique ne peut aujourd'hui triompher.

Ce que je viens de vous dire sur la séparation de la puissance législative et de la puissance exécutrice ; et en particulier sur le partage de cette seconde autorité en différentes branches : cette théorie réduite en pratique, voilà le comble de la perfection politique. C'est le point où nous devons aspirer dès-à-présent nous autres Anglois, si nous voulons enfin donner à notre gouvernement une certaine solidité, cesser de flotter entre la crainte et l'espérance, et terminer ces combats de la prérogative royale et de la liberté nationale, dans lesquels le prince a trop d'avantage sur le peuple. Tant que nous ne nous proposerons pas ce but, nous serons occupés à rétablir un équilibre éternellement prêt à se perdre. Nous marcherons à tâton sans savoir où nous allons ; et le bien que nous produirons par hasard, ne sera qu'un bien incertain et momentané. Vous autres François, vous n'êtes pas si avancés que nous. Votre premier objet doit être de rétablir les états-généraux, et le second, de leur donner l'autorité qui leur appartient. Mais dès que vous en serez là, soyez persuadés que vous ne conserverez votre liberté recouvrée, qu'en établissant autant de classes différentes de magistrats que la société a de besoins différens. On peut y réussir par vingt moyens : il est inutile d'en parler ; c'est aux circonstances à décider du choix.

De bonne foi, continua milord, il faudroit être bien entêté de la dignité imaginaire du prince, pour ne pas trouver qu'il jouit d'une prérogative assez étendue, en étant le général de sa nation, et son ministre des affaires étrangères : un homme sensé qui a médité sur les bornes de notre esprit et les foiblesses de notre cœur, peut-il sans terreur envisager un pareil emploi ? Je conviens qu'un roi, après cette diminution de fortune, ne sera plus gâté ; et que ses courtisans, peu nombreux , n'auront aucun intérêt d'en faire un sot. Je conviens même qu'il sentira un avantage à s'instruire , à connoître la vérité , et à remplir ses devoirs avec exactitude et avec zèle : mais prenez-garde alors qu'un engouement insensé ne vous perde. Si vous étendiez son pouvoir, vous diminueriez nécessairement son exactitude, son application et son zèle. Quand toutes les mesures que j'ai prises ne seroient pas indispensables pour empêcher le prince de gagner peu-à-peu du terrain et de se rendre enfin un despote ; elles seroient certainement nécessaires, pour que les affaires qu'on lui confie fussent administrées avec sagesse. Ne voyez-vous pas que la nature toute seule peut faire, et selon les apparences fera souvent ce que fait l'ivresse du pouvoir arbitraire ? je veux dire qu'elle vous donnera souvent des princes sans jugement, sans caractère, incapables de penser, des imbécilles en un mot. Pauvre peuple ! que deviendront vos affaires les plus importantes, si vous n'avez pas la sagesse de vous précautionner contre l'incapacité d'un homme que la naissance seule placera sur le trône ?

Pour le coup, milord, m'écriai-je, je comprends à merveille ce que vous me disiez, il y a quatre jours, que les magistratures doivent être courtes et passagères. Quel obstacle pour le bien qu'une magistrature perpétuelle et héréditaire ! Tout ce qu'on est obligé d'imaginer pour mettre des entraves à l'ambition d'un magistrat perpétuel et héréditaire, ou pour n'être point la victime des travers de son esprit et de la nonchalance de son caractère, multiplie et complique les ressorts de la machine du gouvernement, qui ne peut jamais être trop simple. N'en faisons pas à

deux fois, puisque nous sommes
en train de faire des réformes : ne
laissons subsister aucune magistrature héréditaire. Quand une nation
sera parvenue au but que l'Angleterre doit aujourd'hui se proposer,
qui empêche qu'à l'exemple des
anciens Romains elle ne supprime
même jusqu'au nom de roi ? Parlons bas, ajoutai-je en regardant
de tous côtés si nous n'étions pas
entendus, il faut qu'il y ait quelque malheur attaché à ce mot fatal.
Voyez ce qui se passe sous nos
yeux : un roi de Suède gémit de sa
condition, et se croit le plus malheureux des hommes, parce qu'il
n'est pas aussi puissant qu'un roi
d'Angleterre. Celui-ci pense qu'on
lui fait une injustice criante de ne
le pas laisser *despotiser* comme
un roi de France, qui imagine à
son tour qu'il n'y a de vraiment
grand, de vraiment puissant qu'un
roi de Maroc, qui n'a qu'à vouloir

2.   O 3

pour être obéi, et qui sans craindre
une révolte, coupe, en s'amusant,
des têtes pour montrer son adresse.

Comme vous vous emportez ! me
dit milord en badinant : vous voilà
un républicain aussi fier et aussi
zélé que j'en connoisse en Angleterre ! Mais cependant respectons
les trônes, et tâchons de ne pas
courir après un bien chimérique,
comme nous faisions, il y a deux
jours, quand vous vouliez vous
embarquer pour aller dans mon
île déserte. La royauté est sans
doute un vice dans un gouvernement : mais, quel que soit ce vice,
il est nécessaire dans une nation,
dès qu'elle a perdu les idées pri-
mitives de simplicité et d'égalité
qu'avoient autrefois les hommes,
et qu'elle est incapable de les reprendre. Avec l'inégale distribution de rangs, de titres, de richesses, de fortunes, de dignités qu'il
y a en France, en Angleterre et en

Suède, est-il possible d'y penser comme on pense en Suisse? Si les François et les Anglois n'avoient pas chez eux une maison privilégiée qui occupe la première place dans la société, soyez sûr que l'état déchiré par les divisions, les haines, l'ambition, la rivalité, les intrigues et les factions de quelques familles considérables, auroit bientôt un despote : nous éprouverions infailliblement le sort de la république romaine. Nous aurions nos Sylla, nos Marius, nos Crassus, nos Pompée, nos César, nos Antoine, nos Lépide; et fatigués de leurs haines et de leurs amitiés, nous finirions par nous croire trop heureux d'obéir à un Octave, devant qui tous les pouvoirs s'anéantiroient. Dans des nations riches, puissantes et répandues dans de grandes provinces, on ne peut pas avoir la modération bourgeoise qui est l'ame et l'appui de la liberté.

Les Suédois ont pensé très-sage-
ment en voulant avoir une espece
de roi qui empêche qu'il ne s'en
éleve un véritable parmi eux. C'est
là le terme où doivent tendre toutes
les nations, selon milord; en voulant aller plus loin, elles courroient
risque de trouver un précipice sous
leurs pas. Adieu, monsieur: je vous
embrasse de tout mon cœur.

A Marly, ce 20 août 1758.

LETTRE HUITIÈME.

Sixième et dernier Entretien. Par quels moyens une République peut conserver et perpétuer son Gouvernement, après avoir recouvré sa liberté.

———

Milord est parti ce matin, monsieur, pour Paris, et après demain il prend la route d'Italie. Ce n'est qu'avec une extrême douleur que je pense que je m'entretins hier avec lui pour la dernière fois en l'accompagnant dans la forêt de Marly ; je me croyois transporté à *Tusculum* ; je croyois me promener avec Cicéron sur le bord du Liris ; je pénétrois dans les secrets de la morale et de la politique ; il me sembloit que ce philosophe, tout plein de la doctrine de Socrate et de Platon, et qui a sauvé sa patrie contre les entreprises de Catilina, m'instruisoit à servir utilement la mienne. Pourquoi partez-vous, ai-je dit à milord, ou pourquoi ne puis-je vous suivre? Qu'allez-vous chercher en Italie ; vous y trouverez des esprits encore plus humiliés que les nôtres. Quelle vaste carrière vous avez ouverte à mes réflexions; que ne puis-je au moins m'entretenir encore quelques jours avec vous ! Je me trompe, ou j'ai cent questions à vous faire sur les droits et les devoirs des citoyens; sur la puissance des magistrats et sur la nature des lois. Je voudrois vous entendre encore répéter ce que vous m'avez déjà dit; je sens combien j'aurois encore besoin de votre commerce pour me familiariser avec des vérités qui ont révolté mes préjugés, et qui me causent encore un certain étonnement quand je veux les méditer. Vous m'avez appris par le secours de quel heureux fil nous pouvons sortir de ce labyrinthe de captivité qui paroissoit n'avoir aucune issue : votre ouvrage n'est pas fini, milord ; et avec quelle avidité j'apprendrois par quel art on peut fixer la liberté, toujours prête à s'échapper des mains heureuses qui la possèdent !

Nous ne ferions vraisemblablement, me dit-il, que des rêves agréables. Tous les peuples à leur naissance ont commencé par être libres : plusieurs ont fait les plus grands efforts pour 'n'obéir qu'à leurs lois : on en a vu d'autres secouer leurs chaînes avec courage, les rompre et recouvrer leur liberté ; mais aucun n'a su conserver cette liberté d'une manière irrévocable ; pourquoi espérerions-nous de voir dans le monde ce qu'on n'y a pas encore vu ? N'importe, ces rêves sont peut-être notre bien le plus réel, et je permets quelquefois à mon imagination de s'en occuper, pour me consoler de toutes les misè; res humaines qui affligent ma raison. Cette liberté, reprit-il, sans laquelle il n'est point de bonheur dans la société, paroit étrangère parmi les hommes ; nous l'aimons cependant ; par quelle fatalité aucun peuple n'a-t-il pu la fixer ? C'est que n'étant presque jamais établie sur une sage distribution de la puissance exécutrice entre les magistrats, elle a pour ennemis éternels leur ambition et leur avarice, et toutes les passions des citoyens ; les uns et les autres se trouvant gênés par les lois, tâchent sans cesse d'en éluder la force, et veulent secouer le joug. Si dans cette espèce de combat et de joûte les magistrats réussissent à opprimer la loi, on voit d'abord se former une oligarchie qui ne subsiste qu'autant que les nouveaux tyrans sentent la nécessité d'être unis pour étouffer les plaintes et arrêter les entreprises des citoyens ; et cette oligarchie fait place enfin à la royauté, dès qu'un magistrat par force ou par adresse a pris l'ascendant sur ses collègues.

Si, au contraire, les citoyens après avoir rendu l'autorité méprisable, parviennent à ne plus craindre ni respecter les magistrats, on tombe dans l'anarchie. La licence de tout faire produit tous les abus. Bientôt tout le monde est mal à son aise ; on offense, on est offensé ; on opprime, on est opprimé : on se lasse à la fin de cette situation incommode ; on veut recourir aux lois ; mais leur autorité est avilie ; et dès qu'on ne peut en attendre aucun secours, chacun pourvoit à sa sûreté particulière en faisant des ligues et des partis ; les passions deviennent atroces ; chaque cabale a son chef qu'elle regarde comme son protecteur et son vengeur, et il s'élève un tyran sur les ruines de l'anarchie. Analysons toutes les révolutions dont parle l'histoire ancienne et moderne, et vous verrez que la liberté s'est toujours anéantie de l'une ou de l'autre manière.

Si vous avez présent à l'esprit, monsieur, la lettre que j'eus l'honneur de vous écrire hier, vous jugerez sans peine que tout l'arrangement que milord exige au sujet du partage de la puissance exécutrice entre différens ordres de magistrats, ne sert qu'à rendre les lois victorieuses des passions dans le combat qu'elles se livreront ou plutôt que toute cette politique se propose de le prévenir. Remarquez, je vous prie, comme milord me l'a fait observer, que la paix des lois et des passions seroit bientôt faite ; c'est-à-dire, que l'ordre seroit bientôt établi avec solidité, si toutes les parties du gouvernement étoient arrangées avec assez d'art pour qu'elles se prêtassent une force mutuelle. Après quelques tentatives inutiles, si les passions qui ont une adresse merveilleuse à se retourner, et assez d'esprit pour ne pas courir long-temps après une chimère, étoient convaincues qu'elles ne peuvent attaquer les lois avec avantage, elles y obéiroient d'abord avec soumission et ensuite avec zèle. Dès que les magistrats et les citoyens trouveront beaucoup plus d'obstacles au succès de leurs entreprises injustes, que de moyens pour les faire réussir, soyez persuadé qu'au lieu de rouler dans leurs têtes des projets de tyrannie ou d'indépendance, ils s'occuperont avec ardeur du bien public ou du moins seront exacts à remplir leurs devoirs.

Cependant, monsieur, le sort

qu'ont enfin éprouvé les peuples les plus sages et les plus célèbres de l'antiquité, doit nous faire trembler pour les peuples mêmes qui auroient la sagesse de les imiter. Quand on voit Sparte et Rome livrées à la tyrannie, quel législateur peut se flatter d'avoir établi sa république sur des fondemens immortels. Tout se déforme donc, tout s'altère, tout se corrompt ; la nature nous y a condamnés ; le bonheur produit la sécurité, et la sécurité est toujours accompagnée de quelque négligence ou d'une présomption orgueilleuse. Quelque profonde que soit la politique, elle n'est jamais aussi habile que les passions ; et quand elle auroit leur habileté, elle seroit moins opiniâtre dans ses volontés et moins attentive dans le détail journalier de ses opérations. C'est une maladie presque incurable de l'esprit humain, de regarder comme une petitesse le

soin de remédier aux petits abus ; et
cependant ce sont de petits abus
qui ouvrent la porte aux plus grands
désordres : les lois ne peuvent jamais prévoir tous les cas, prévenir
tous les besoins, ni résoudre d'a-
vance toutes les difficultés. Il sur-
vient dans tous les états des affaires
soudaines, imprévues et urgentes.
Voilà les causes de l'altération in-
sensible qu'éprouvent les gouver-
nemens les mieux constitués.

Quand les lois, pour ainsi dire,
usées par la rouille du temps, de
la négligence et de la sécurité,
commencent à perdre leur force,
on n'imagine rien de mieux pour
l'ordinaire, que d'en faire de nouvelles, et d'infliger des châtimens
plus grâves aux délinquans ; mais
quel en est le fruit ? Ces lois sévères
effarouchent pour un moment les
esprits, et ne les guérissent pas ;
on s'accoutumera bientôt à les vio-
ler, comme on violoit les lois les

plus douces. Dans ces circonstances, m'a dit milord, il faut être convaincu que les ressorts du gouvernement se sont relâchés : donnez leur une nouvelle tension, et le mal sera guéri. Vous travaillerez infructueusement si vous voulez arrêter les effets en laissant subsister la cause. Songez moins à imaginer une nouvelle punition pour châtier un magistrat qui néglige ses devoirs, ou un citoyen inquiet, brouillon et désobéissant, qu'à corriger les vices secrets qui produisent les désordres dont vous vous plaignez. Songez moins à punir des fautes, qu'à encourager les vertus dont vous avez besoin. Par cette méthode, vous rendrez, pour ainsi dire, à votre république la vigueur de la jeunesse : c'est pour n'avoir pas été connue des peuples libres, qu'ils ont perdu leur liberté. Mais si les progrès du mal sont tels que les magistrats ordinaires ne puis-

sent y remédier efficacement, avec
recours à une magistrature extraordinaire dont le temps soit court et
la puissance considérable. L'imagination des citoyens a besoin alors
d'être frappée d'une manière nouvelle ; et vous avez vu dans l'histoire combien la dictature a été
utile aux Romains.

On remédieroit à la plupart des
inconvéniens que le temps et la
fragilité humaine produisent, ou
plutôt on les préviendroit, en suivant le conseil de milord Stanhope.
Il veut, monsieur, que tous les
vingt ou vingt-cinq ans, au plus
tard, les états-généraux, en vertu
d'une loi solemnelle et fondamentale, établissent, avec appareil,
une commission particulière, pour
examiner avec soin la situation présente du gouvernement, et rechercher si, par des usages introduits
insensiblement, quelque magistrat
n'a point empiété sur les droits de

la puissance législative, ou usurpé
quelque partie de la puissance exécutrice confiée à ses collègues. On
fera l'examen des atteintes portées
à chaque loi. Cette sage précaution
empêcheroit que les coutumes nouvelles ne s'acréditassent, et tous
abus seroient réprimés avant d'a-
voir pris assez de force pour altérer
et détruire les principes du gouvernement. Cette année de réforme seroit l'espérance des bons citoyens,
et contiendroit les méchans. Vous
verriez qu'elle exciteroit dans tous
les esprits une fermentation utile ;
et en forçant de se rappeler les lois,
elle empêcheroit qu'on ne les ou-
bliât.

Une république, quoique gou-
vernée avec la plus grande sagesse,
éprouve quelquefois de grands
maux dans une guerre de la part
de ses voisins. Rome a rencontré
un Pyrrhus et un Annibal. On se
trouve à deux doigts de sa ruine ;

et pour l'éviter, on ne connoît plus d'autres règles que la loi qui dit que le salut du peuple doit être la suprême loi. Après avoir forcé sans succès tous les ressorts du gouvernement, on est quelquefois obligé de recourir à des moyens extraordinaires, et même souvent contraires à la constitution de l'état. Il est fâcheux d'éviter, par ce moyen, le danger dont on est menacé; car il est extrêmement rare que les peuples qui y recourent, ne se laissent pas enivrer de leur joie, et qu'ils aient le sang-froid nécessaire pour s'appercevoir de la secousse qui a ébranlé tout l'édifice politique. Une loi fondamentale doit donc ordonner qu'à la fin de chaque guerre, quand le calme est rétabli, le premier soin des états-généraux soit de songer à réparer le gouvernement. Il faut prendre garde que les voies extraordinaires, si on a été forcé d'en employer, ne soient tournées en voies ordinaires de l'administration ; tout seroit perdu : les remèdes auxquels je dois ma guérison, ne doivent pas devenir ma nourriture ordinaire ; il faut rechercher les causes des revers qu'on a essuyés ; et en prenant des mesures pour l'avenir , il faut cependant rétablir le gouvernement sur ses anciennes proportions.

Si la guerre a été heureuse, il est bien plus nécessaire encore de fa re un examen sérieux du gouvernement. Une nation croit avoir été sage, parce qu'elle a obtenu des avantages considérables sur ses ennemis ; et voilà pourquoi une trop grande prospérité est presque toujours l'avant-coureur d'une prochaine décadence. Son bonheur lui inspire de l'orgueil ; elle traite ses anciennes règles, de pédanterie timide ; elle s'abandonne témérairement à sa bonne fortune et à une confiance aveugle ; c'est-à-dire que les Grecs trouvèrent les principes de tous les malheurs dans la journée à jamais mémorable de Salamine , de Platée et de Mycale. Après avoir humilié Xercès , ils oublièrent que leur union faisoit leur force ; ils se divisèrent , et leurs divisions les soumirent à la Macédoine , et ensuite aux Romains.

Milord me l'a fait remarquer, monsieur , le gouvernement le plus sage qui ait été établi parmi les hommes, le gouvernement des Romains , n'a dû sa ruine qu'à cette inconsidération qui accompagne la prospérité. Les armées romaines portèrent la guerre hors de l'Italie , et subjuguèrent de grandes provinces. Les proconsuls, par leur seul éloignement de la capitale, acquirent une autorité que n'avoient point eue les anciens consuls, qui , sous les yeux du sénat et du peuple, avoient vaincu les peuples d'Italie, et rentroient tous les ans dans Rome. Ces nouveaux magistrats sentirent leurs forces, devinrent redoutables à leur patrie, et l'asservirent. Jamais les Romains ne seroient devenus la proie de quelques ambitieux, ou du moins ils auroient retardé l'établissement de la tyrannie, s'ils avoient eu une loi qui leur eût prescrit de rentrer souvent en eux-mêmes, et d'examiner, après chaque grand événement, si les principes de leur liberté n'avoient souffert aucune altération. Ce peuple si sage, si patient, si courageux dans l'adversité qui n'a point reçu ses lois d'un législateur, qui a la gloire de les avoir faites, s'il ne se fût pas abandonné imprudemment au cours de la prospérité, sans doute qu'il auroit compris qu'il ne devoit pas être conquérant, s'il vouloit conserver sa liberté. Il se seroit sans doute borné à établir entre les différens

peuples

peuples d'Italie la même confé-
dération qui régnoit entre les peuples de la Grèce; et Rome auroit
été dans la ligue des Italiens, ce
que Lacédémone fut dans celle des
Grecs. Si son ambition l'eût empê-
ché d'obéir à cette politique pru-
dente, elle auroit du moins fait
quelques efforts pour conserver
son autorité sur les magistrats des
provinces éloignées, et empêcher
qu'elle ne fût asservie par les lé-
gions qui devoient étendre son empire.

Nous n'en sommes pas là, monsieur; et avant que de prendre des
mesures pour conserver sa liberté,
je crois qu'il faut d'abord s'occuper
du soin de la recouvrer. Mais il me
vient une idée : dès-que notre nation retirée du néant auroit repris
le droit de s'assembler, pourquoi
n'établirions-nous pas une année
de réforme ? Pourquoi n'aurions-
nous pas des commissions ou des

2.   Q

comités périodiques ? Leur objet, j'en conviens, ne devroit pas être de fixer, comme immuable, un gouvernement qui ne seroit encore qu'ébranlé, et dont la forme bizarre conserveroit pendant plusieurs années après la révolution, mille irrégularités, mille défauts, mille préjugés de notre constitution présente. Mais ces commissions ne seroient pas moins utiles, si on les chargeoit de perfectionner l'ouvrage de la liberté; il me semble qu'on en pourroit tirer un assez bon parti Notre nation a peu de tenue dans le caractère, elle se lasse aisément de ses entreprises, et aime mieux agir par routine et au hasard, que de se donner la peine de penser, de réfléchir sur le passé, et sur-tout de prévoir l'avenir. Les commissions fixeroient nos vues, empêcheroient que, sans nous en appercevoir, nous ne retombions dans notre engourdissement ; elles seroient l'ame des états-généraux , et hâteroient les progrès de notre police. Quand enfin notre gouvernement seroit tel que milord le desire, et que la liberté seroit établie sur de sages proportions, les commissions changeroient d'objet, et elles se borneroient à veiller à la conservation de leur ouvrage ; elles se proposeroient de perpétuer les mêmes principes, les mêmes lois, les mêmes règles , et de réparer les torts que le temps , de nouveaux besoins et de nouvelles circonstances pourroient faire au gouvernement.

Je souhaite que vous trouviez cette lettre trop courte : ce sera me dire que vous n'avez pas trouvé les autres trop longues. En finissant, je suis obligé en honneur de vous avertir de ne point juger de milord Stanhope par mes lettres. Quelqu'attention que j'aie prise à recueillir tout ce que je lui ai entendu dire, je m'apperçois que mille choses m'ont échappé ; et certainement j'ai encore moins pu vous rendre cette énergie qui est l'ame de tous ses discours, et qui auroit inspiré au plus vil Asiatique, ou au courtisan le plus prostitué, le desir de devenir citoyen. Ah ! monsieur, que milord ne connoît-il les magistrats de nos parlemens ! Que ne peut-il leur présenter les vérités importantes qu'il m'a apprises ! Que.... adieu, monsieur : je ne veux pas faire de vœux inutiles. Je compte avoir le plaisir de vous embrasser dans cinq ou six jours ; et en relisant avec vous les lettres que j'ai eu l'honneur de vous écrire, vous me ferez part de vos réflexions : j'acquerrai de nouvelles lumières, et je croirai avoir retrouvé milord.

A Marly, ce 21 août 1758.

F I N.

9 782013 580540